Historia de la humanidad

1000 datos interesantes de la humanidad desde la
Antigüedad hasta nuestros días

Índice de contenidos

Introducción

Desde tiempos muy antiguos, **la humanidad crea e innova**. Este libro es un viaje **desde los primeros inventos humanos hasta los avances tecnológicos actuales**. Viaje al pasado y explore la evolución de las civilizaciones a lo largo de miles de años, respondiendo a sus entornos y experiencias.

En principio, se examinan algunas de **las primeras innovaciones de la humanidad**, como la **domesticación de animales y la construcción de ciudades y civilizaciones**. Cada siglo de la historia fue testigo de avances y acontecimientos importantes, ya sea el **auge del cristianismo o las invasiones bárbaras**. Estos hitos marcan el camino de la humanidad hacia el progreso.

Al explorar estos acontecimientos clave, se comprende cómo las civilizaciones del pasado dieron forma a nuestras sociedades actuales. Explore la historia de los seres humanos.

Primeras migraciones humanas
(aprox. 200.000 a. C.)

Explore la historia antigua de nuestra especie mientras descubre veinte hechos intrigantes sobre las primeras migraciones humanas durante la Edad de Piedra. Conozca cómo los humanos se desplazaron desde su hogar original **en África** y se adaptaron a entornos diferentes.

.

1. Los primeros humanos se desplazaban mucho. **Migraban de un lugar a otro en busca de alimentos y recursos.**

2. **La mayoría de las primeras migraciones humanas se produjeron durante la Edad de Piedra,** un período que duró unos 3,4 millones de años y finalizó alrededor del 4000 a. C.

3. **Durante este período, la humanidad viajó a través de África, Europa y Asia, a pie o en barco,** para encontrar nuevos lugares donde vivir.

4. **En algunos casos, los patrones migratorios crearon las primeras conexiones entre diferentes partes del mundo.**

5. **Se utilizaban herramientas de piedra, como hachas de mano y puntas de lanza,** para cazar animales o fabricar armas durante los viajes.

6. **Las pinturas rupestres son quizás la forma más antigua de expresión artística humana.** Las más antiguas datan de hace más de 64.000 años.

7. **Los primeros *Homo sapiens* aparecieron hace unos 300.000 años en el norte de África y posteriormente emigraron a otros continentes.**

8. Algunos de los primeros patrones de migración humana incluían **viajes de África a Arabia y luego a la India.**

9. **Durante este periodo, a medida que los humanos se extendieron por el mundo,** adaptaron sus herramientas y estilos de vida en función de los recursos disponibles en cada lugar.

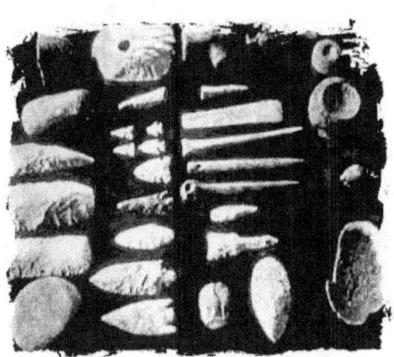

10. Los hallazgos arqueológicos sugieren que **las primeras migraciones se produjeron a través de vastas extensiones de océano en barcos** o balsas hechas con pieles de animales.

11. Los hallazgos arqueológicos sugieren que **las primeras migraciones se produjeron a través de vastas extensiones de océano en barcos** o balsas hechas con pieles de animales.

12. Se cree que los primeros humanos aprovecharon las capas de hielo y cruzaron un puente terrestre entre las actuales Rusia y Alaska, lo que **les permitió migrar de Asia a Norteamérica**.

13. Además de las nuevas experiencias y adaptaciones, **las primeras migraciones humanas fueron importantes** porque los humanos iniciaron el proceso de alteración de los entornos vitales en diferentes regiones del mundo, lo que dio lugar a distintos resultados ambientales o históricos.

14. **La mezcla de culturas durante este periodo ayudó a las personas a desarrollar diferentes lenguas**, costumbres, creencias y prácticas.

15. **Aunque algunas partes del mundo no fueron exploradas** hasta mucho más tarde (como desiertos o selvas de difícil acceso), **la mayoría de los continentes ya estaban poblados por humanos** hace 15.000 años.

16. **Los patrones migratorios de la Edad de Piedra** siguen influyendo en muchos aspectos de las sociedades actuales, como la distribución lingüística, la genética y las costumbres culturales.

17. **Las pruebas genéticas sugieren que los humanos de Asia y Europa** se cruzaron durante la Edad de Piedra, dando lugar a una mezcla de ancestros en muchas partes del mundo.

18. **Al entrar en contacto diferentes grupos humanos**, se produjeron resultados devastadores, como guerras y la transmisión de enfermedades.

19. **Los análisis de ADN demuestran que los primeros humanos** que vivían en Australia eran muy diferentes a los de África y Eurasia.

20. **Los primeros humanos siguieron migrando y evolucionando**, hasta constituir la especie humana que somos hoy.

Los primeros inventos de la humanidad
(75.000-1000 a. C.)

Este capítulo **explora increíbles inventos de nuestros antepasados entre 75.000 y 1.000 años a. C.** Estos veinte datos fascinantes muestran lo que era importante para los antiguos humanos. **¡Puede que le sorprenda** encontrar muchos inventos que hoy parecen obvios!

21. Los primeros indicios de herramientas de piedra datan de hace tres millones de años. Las herramientas permitían cazar, cortar, moldear materiales e incluso fabricar armas.

22. El fuego fue otro invento vital que ayudó a los humanos a protegerse de los depredadores y del frío. También lo utilizaban para cocinar los alimentos, lo que les proporcionaba una mejor nutrición. El hombre descubrió el fuego hace cientos de miles de años.

23. Controlar el fuego significó la invención de las antorchas o lámparas, que se hicieron comunes durante esta época. Estas lámparas no funcionaban con electricidad como las actuales, pero iluminaban de forma eficaz las zonas oscuras.

24. La cueva de Altamira posee algunas de las pinturas rupestres más antiguas y famosas del mundo. Se encuentra en España, y las pinturas datan de alrededor de 36.000 años a. C.

25. En Francia y España se han descubierto hasta 350 yacimientos de pinturas rupestres, lo que significa la importancia de estas pinturas para los primeros habitantes de esta región.

26. Los arqueólogos han descubierto en diferentes partes del mundo huesos finos y afilados que creen que se usaban para coser y que datan de 50.000 a. C. **Estas agujas permitían a los humanos crear prendas de vestir con pieles de animales** para protegerse de las duras condiciones ambientales, como la nieve o las tormentas de lluvia.

27. Los barcos también se inventaron durante este período, proporcionando una forma más eficiente de viajar a través de lagos, ríos y océanos, lo que llevó a una exploración más amplia por parte de nuestros antepasados hacia tierras desconocidas.

28. **La cerámica se inventó en el 28.000 a. C.** y permitió a los humanos crear recipientes para su comida y agua.

29. **En el año 5.000 a. C.** ya se habían implementado muchos inventos importantes, como los **instrumentos musicales (flautas y tambores) y la rueda.** Las fechas exactas de estos inventos varían entre una región y otra.

30. **Se utilizaban cuerdas hechas de fibras animales** para construcciones o redes de pesca.

31. **La agricultura comenzó alrededor del año 10.000 a. C.** Se plantaban semillas recogidas de plantas silvestres en los campos para luego cosechar el sustento que tanto necesitaban.

32. **La agricultura comenzó alrededor del año 10.000 a. C.** Se plantaban semillas recogidas de plantas silvestres en los campos para luego cosechar el sustento que tanto necesitaban.

33. **El vidrio se inventó alrededor del año 3.500 a. C.** y se utilizó originalmente con fines artísticos.

34. **Se cree que el torno de alfarero se inventó en Mesopotamia,** donde se produjeron numerosas primicias. Los antiguos sumerios ya utilizaban el torno de alfarero en el año 3.250 a. C. para dar forma a recipientes de arcilla, como ollas, cuencos y jarras.

35. **La invención de los textiles permitió crear prendas de vestir de manera más eficiente, hilando fibras de animales** en hilos que luego podían tejerse juntos usando telares, obteniendo prendas mucho más cálidas y cómodas.

36. **La metalurgia temprana comenzó en torno al 6.000 a. C.,** y permitió a los humanos crear herramientas y armas más resistentes.

37. Al principio **se utilizaban mucho los metales como el cobre y el bronce.** Más tarde, las herramientas de hierro cobraron importancia y sustituyeron a las de cobre y bronce debido a su durabilidad.

38. Antes de que se inventara el papel, la información se registraba de diferentes maneras, como **tallando tablillas de piedra o escribiendo en papiros.**

39. **Las primeras tablillas de piedra se descubrieron en el actual Irak** y datan de 3.500 a. C.

40. **En esta época se utilizaban sistemas matemáticos muy básicos.** En todo el mundo se han descubierto sistemas de recuento mediante marcas en huesos, palos o piedras.

La domesticación de los animales
(13.000-600 a. C.)

Explore la fascinante historia de la domesticación de los animales y su impacto en las culturas humanas. Descubra cómo la humanidad adaptó algunas especies para sus propias necesidades y por qué la domesticación de animales ha sido tan beneficiosa con estos veinte datos interesantes.

41. **La domesticación de animales es el proceso de domesticar animales salvajes para el uso humano.**

42. **El primer animal domesticado fue el perro,** alrededor del año 13.000 a. C.

43. Poco después, hace unos 11.000 años, **se domesticaron otros animales como cabras, ovejas, cerdos y vacas, en Asia y Europa.**

44. **Los caballos fueron uno de los primeros animales domesticados en Asia Central,** entre 4.500 y 3.500 a. C.

45. Los investigadores creen que **las gallinas se tenían como mascotas o fuente de alimento en el sudeste asiático hace unos 3.500 años.** Algunos creen que fueron domesticadas hace más o menos diez mil años.

46. **La domesticación permitió a los humanos tener una fuente de alimento más fiable,** ya que podían contar con rebaños o manadas en lugar de cazar presas todos los días.

47. **La domesticación de animales significó que la gente podía viajar grandes distancias sin preocuparse** por su próxima comida, porque tenían un suministro constante con ellos en todo momento.

48. **El vínculo entre los seres humanos y los animales domésticos llegó a ser tan fuerte,** que ciertas especies son vistas como miembros de la familia o incluso como dioses en algunas culturas.

49. **Se comenzaron a utilizar burros y caballos para transportar mercancías** por tierra y para arar los campos durante la temporada de siembra.

50. **Animales como vacas, ovejas, cabras y camellos ayudaban en la agricultura** y proporcionaban leche o lana, entre otras cosas.

51. **Las llamas y las alpacas se utilizaban principalmente en la cordillera de los Andes de Sudamérica,** por su carne y su piel y para transportar cargas pesadas por las laderas de las montañas.

52. **Los gatos fueron domesticados** hace 10.000 años en la Creciente Fértil.

53. **Los perros han sido utilizados por los humanos con muchos propósitos**, incluyendo la caza, la compañía, la protección contra los depredadores y el pastoreo de ganado.

54. **Las abejas son otro ejemplo de animal domesticado con éxito desde aproximadamente el año 9.000 a. C.** Proporcionan miel y ayudan a la alimentación. Además, polinizan los cultivos.

55. **Los conejos se criaron como fuente de alimento mucho más tarde**, durante la República romana. Los primeros registros escritos que hablan de la domesticación del conejo en Europa datan del siglo I a. C., aunque el animal era abundante en la región.

56. **Las cabras han sido utilizadas por el hombre desde al menos el año 9.000 a. C.** Se domesticaron por primera vez en el Cercano Oriente para obtener leche y queso, entre otras cosas.

57. **El cerdo fue uno de los primeros animales domesticados.** Los habitantes de las cercanías de la actual Turquía los domesticaron hace unos 9.000 años. Son una valiosa fuente de alimento, pero también se tienen como animales de compañía.

58. **Las ovejas empezaron a criarse para obtener carne y lana** hace unos 11.000 años en la Creciente Fértil.

59. **Los humanos han utilizado vacas desde aproximadamente el año 8.000 a. C.,** cuando se pastorearon por primera vez en las actuales India y Pakistán.

60. **Los patos fueron domesticados por primera vez en el año 2.000 a. C. en China** para obtener huevos y plumas, pero también se tenían como animales de compañía.

La creación de las primeras ciudades
(7500-4000 a. C.)

Este capítulo **explora la fascinante historia de las primeras ciudades**. Se presentan veinte **datos interesantes sobre cómo se desarrollaron estos primeros asentamientos** y se habla de importantes ciudades antiguas que influyeron en la historia.

61. Entre el año 7.500 y el 7.000 a. C., **muchas personas habían comenzado a asentarse juntas para formar aldeas,** que con el tiempo se convirtieron en grandes centros urbanos llamados ciudades.

62. **Las primeras ciudades se construyeron en Medio Oriente** y Asia central.

63. **Estas ciudades solían tener una muralla para protegerse de los invasores** y a menudo tenían un templo o palacio en su centro.

64. **Las personas que vivían en estas primeras ciudades desarrollaron nuevas formas de producir alimentos** que les permitían mantener poblaciones más grandes que antes, además del pastoreo de animales para obtener carne y productos lácteos.

65. **Algunas de las primeras ciudades conocidas son Çatalhöyük** (Turquía), **Jericó** (cerca de Jerusalén), **Mohenjo-daro** (Pakistán), **Ur, Eridu y Uruk** (en lo que hoy es Irak).

66. Los historiadores no se ponen de acuerdo sobre cuál fue la «primera» ciudad. **La mayoría coincide en que Çatalhöyük es la más antigua.**

67. Estas **primeras ciudades tenían edificios públicos, como templos y palacios,** así como mercados y lugares donde la gente podía trabajar.

68. **Las ciudades antiguas solían estar divididas en distritos** según el tipo de trabajo que se realizaba en cada zona, como un distrito residencial o una zona industrial.

69. **Una de las ciudades antiguas más famosas es Babilonia, situada en el actual Irak.** Sus legendarios jardines colgantes fueron considerados una de las Siete Maravillas del Mundo Antiguo.

70. **Llegó un momento en el que las ciudades eran tan grandes, que necesitaron establecer gobiernos** con leyes para mantener el orden entre sus ciudadanos. Así se desarrollaron las primeras civilizaciones.

71. **En las primeras ciudades a menudo se construían proyectos públicos como acueductos o carreteras pavimentadas**, que las conectaban con otras partes de su región o país.

72. Algunas ciudades también comerciaban entre sí. Las especies de la India llegaban a **Mesopotamia**, mientras que las herramientas de metal de **Anatolia** se encontraban en **África**.

73. **La vida en las ciudades antiguas no siempre era pacífica**. Las guerras entre ciudades eran frecuentes, especialmente por recursos como la tierra, el agua o las rutas comerciales.

74. **No todas las ciudades se construyeron con fines bélicos o de asentamiento**. Algunas tenían fines religiosos, como Göbekli Tepe.

75. **El surgimiento de estos primeros centros urbanos provocó cambios sociales**, ya que las personas vivían más cerca unas de otras y formaban comunidades que trabajaban juntas en proyectos.

76. **En este periodo se produjeron grandes innovaciones por parte de inventores que crearon herramientas y máquinas** que aún se utilizan hoy en día, como poleas, palancas, arados y carros con ruedas.

77. **Las ciudades también servían como centros culturales donde se compartían y discutían diferentes creencias religiosas** y donde florecían el arte y la música.

78. **Algunas ciudades incluso crearon sistemas monetarios** para facilitar el intercambio de mercancías. Las monedas se utilizaron por primera vez en Asia Menor alrededor del año 600 a. C.

79. **La vida en las ciudades antiguas no estaba exenta de problemas. Brotes de enfermedades**, escasez de alimentos y desastres ambientales ocurrían con frecuencia.

80. A pesar de los retos a los que se enfrentaban estas primeras ciudades, **se les atribuye el mérito de haber sentado las bases de las sociedades actuales**, que han crecido y se han expandido sobre esos mismos principios de innovación.

El auge de las civilizaciones antiguas

Explore las vibrantes y complejas culturas y civilizaciones de la antigüedad con este capítulo, en el que se presentan **veinte datos interesantes sobre los poderosos imperios de Mesopotamia, Egipto y China**, entre otros. Esta visión general del **surgimiento de las civilizaciones** proporciona una buena idea de cómo se crearon las sociedades. Más adelante, se profundiza en algunas de ellas. ¡Embárquese en este asombroso viaje a través del tiempo y explore las **fascinantes civilizaciones antiguas!**

81. **Las civilizaciones antiguas comenzaron alrededor del año 3.500 a. C.** en zonas con tierras fértiles, como el valle del río Nilo y Mesopotamia.

82. **La primera civilización antigua era conocida como Sumeria** y se encontraba en lo que hoy es el sur de Irak.

83. **Otras civilizaciones tempranas fueron la egipcia** (a lo largo del río Nilo), la **india** (en el valle del Indo) y la **china** (en el río Amarillo).

84. **Los antiguos egipcios eran famosos por su arquitectura monumental, como las pirámides,** que se utilizaban como tumbas para los gobernantes.

85. **La antigua Roma fue una de las civilizaciones más poderosas de su época.** Surgió un poco más tarde, en el siglo VIII a. C., y alcanzó su apogeo en el siglo II de nuestra era. Entre sus logros estaba una extensa red de carreteras que **conectaba Europa con el norte de África y Asia Menor** (la actual Turquía).

86. **La antigua Grecia fue un destacado centro de aprendizaje, cultura y filosofía** durante su época.

87. **El periodo védico marca el final de la civilización del valle del Indo,** en torno al 1.500 a. C., y la llegada de las tribus indo arias a la región. Trajeron consigo ideas sagradas, los Vedas, de ahí el nombre del periodo.

88. **En el Cercano Oriente, entre el 1.300 y el 612 a. C., Asiria se alzó con el poder,** convirtiéndose en uno de los imperios más poderosos de su época. Este imperio cayó tras ser conquistado por **los babilonios, que posteriormente fueron derrotados por los persas** (actuales iraníes).

89. En África, **la antigua civilización nubia alcanzó el poder en torno al año 2.000 a. C.** y es famosa por sus grandes monumentos, como los templos de Meroë, que aún se conservan.

90. **Las antiguas civilizaciones chinas tuvieron un gran impacto en la sociedad actual a través de inventos como el papel, la pólvora, la imprenta y la brújula** (la mayoría de ellos se fabricaron a principios de la era cristiana).

91. **La civilización maya fue una de las más avanzadas de América Central.** Desarrollaron un sistema de calendario preciso.

92. **En Sudamérica, en el siglo XII d. C., surgió en Perú el Imperio inca,** que se convirtió en uno de los mayores imperios jamás vistos (abarcaba más de cuatro mil millas).

93. **Los aztecas, que alcanzaron el poder en México en el siglo XIV** y tenían una cultura muy avanzada, desarrollaron la escritura jeroglífica. Su intrincado sistema de calendario tenía un ciclo de 260 días; este calendario era conocido como *tonalpohualli*.

94. **Las civilizaciones antiguas desarrollaron sistemas de gobierno únicos, incluyendo monarquías** (como los egipcios), **ciudades-estado** (como Atenas) o **imperios** (como Asiria).

95. **Muchas sociedades antiguas creían que los dioses controlaban acontecimientos naturales** como las tormentas, las inundaciones y las sequías. Por eso construían templos dedicados a adorar a estas deidades.

96. **El comercio entre diferentes civilizaciones antiguas ayudó a difundir bienes diversos,** como especias, telas, herramientas y armas, a través de vastas distancias de tierra.

97. **Las civilizaciones antiguas eran a menudo muy creativas,** produjeron obras de arte y literatura que aún hoy nos inspiran.

98. **Los antiguos egipcios desarrollaron un complejo sistema de escritura llamado jeroglíficos,** en el que se marcaban tablillas de piedra o rollos de papiro para comunicarse.

99. **Los antiguos griegos sentaron las bases de la democracia actual.** En algunas ciudades-estado, los ciudadanos votaban en asambleas las leyes y las políticas que afectaban a la sociedad.

100. **Los arqueólogos estudian las civilizaciones antiguas desenterrando objetos como piezas de cerámica, herramientas, armas y monedas.** Estos objetos nos ayudan a saber más sobre cómo vivían estas sociedades hace siglos.

La invención de la rueda y la escritura
(4.500-3.000 a. C.)

En este capítulo se exploran los increíbles inventos de la rueda y la escritura en Mesopotamia entre los años 4.500 y 3.000 a. C. Se presentan quince datos interesantes sobre estos descubrimientos monumentales y cómo condujeron a mejoras en otras áreas de la sociedad.

101. **La rueda y la escritura se inventaron en Mesopotamia,** una zona situada entre los ríos Tigris y Éufrates, entre los años 4.500 y 3.000 a. C.

102. **Para la principal forma de escritura en Sumeria se utilizaba una herramienta en forma de cuña llamada estilete** para crear símbolos en tablillas de arcilla.

103. **Los sumerios desarrollaron la escritura cuneiforme** con caracteres en forma de cuña, que continuó utilizándose hasta aproximadamente el año 100 después de Cristo.

104. **Los sistemas de escritura evolucionaron hasta convertirse en silabarios,** en los que los símbolos representan los sonidos de las palabras, hasta llegar finalmente a alfabetos formados por letras que simbolizan cada sonido.

105. **La escritura hizo posible que los humanos compartieran conocimientos, ideas y pensamientos** a través de diferentes culturas o países sin tener que hablar cara a cara.

106. **Los antiguos mesopotámicos también desarrollaron un sistema de medición de longitudes** que sentó las bases de las matemáticas modernas actuales.

107. **Se han identificado sellos cilíndricos de este periodo,** con diseños que representan animales o dioses, mostrando que la escritura también tenía un uso decorativo.

108. **Se cree que los sumerios fueron la primera civilización en desarrollar la rueda.**

109. Los inventores descubrieron cómo utilizar objetos redondos, como troncos, piedras y discos de madera con agujeros, para unir radios y fabricar ruedas de madera duraderas con ejes.

110. La invención de la rueda facilitó el transporte de mercancías a largas distancias de forma rápida y eficaz.

111. Las ruedas se utilizaron primero para la alfarería, pero más tarde pasaron a formar parte de carruajes y otros vehículos, como carros o carretas, que podían ser tirados por animales o seres humanos para cubrir necesidades de transporte.

112. Antes de la invención de la rueda, **el transporte dependía exclusivamente de la fuerza de animales** como camellos, asnos y caballos.

113. **La escritura permitió a los pueblos registrar de forma organizada su historia**, sus leyes, su literatura, su ciencia y sus acontecimientos.

114. **En antigua Mesopotamia se crearon caminos pavimentados con ladrillos**, lo que permitió que los carros tirados por animales o seres humanos recorrieran largas distancias, haciendo que el transporte fuera más rápido.

115. **Con la invención de la escritura**, los pueblos pudieron comerciar más fácilmente y crear sistemas económicos para **intercambiar dinero o divisas.**

La Edad de Bronce
(3.300-1.200 a. C.)

Explore la cautivadora historia de la Edad de Bronce y su amplio impacto en la vida moderna. Prepárese para profundizar en veinte datos interesantes sobre cómo el bronce cambió el funcionamiento de las sociedades.

116. **La Edad de Bronce fue una época en la que se comenzaron a utilizar herramientas y armas de bronce por primera vez.**

117. **Fue una época de grandes avances tecnológicos y culturales** en varias civilizaciones de África, Asia y Europa.

118. **Se utilizaban caballos, burros y bueyes** para tirar carros **para el transporte** o para arar los campos agrícolas de la época.

119. **El carbón vegetal se quemaba en hornos para crear aleaciones de bronce** a las que se daba forma de herramientas o armas, como hachas y espadas, que luego se afilaban utilizando piedras llamadas piedras de afilar.

120. **Los habitantes de la Edad del Bronce llevaban joyas de bronce,** oro o plata, algunas de las cuales han sido encontradas por los arqueólogos.

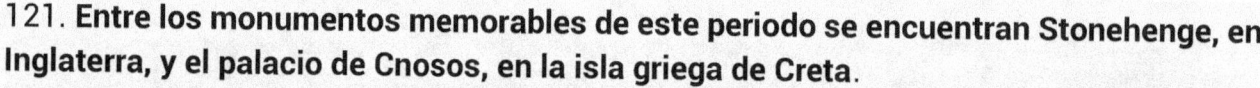

121. **Entre los monumentos memorables de este periodo se encuentran Stonehenge, en Inglaterra, y el palacio de Cnosos, en la isla griega de Creta.**

122. Algunas de las **religiones** modernas se remontan a la **Edad de Bronce. El judaísmo surgió en Israel**, mientras que **el hinduismo comenzó en la India** durante este período.

123. **El fin de la Edad de Bronce, que se produjo durante el siglo XII a. C.,** sigue siendo uno de los acontecimientos más importantes de la historia de la humanidad hasta la fecha. En el transcurso de unos cien años, casi todas **las sociedades del Mediterráneo oriental sufrieron un colapso social** que afectó a su desarrollo cultural y tecnológico.

124. **La Grecia micénica, el Imperio hitita, el Nuevo Reino en Egipto** y el Imperio asirio medio se vieron afectados por el colapso de la Edad del Bronce.

125. **Las herramientas de hierro se desarrollaron hacia el final de la Edad de Bronce,** dando lugar a una nueva era, llamada Edad de Hierro (1200-600 a. C.).

126. **Los habitantes de las sociedades de la Edad de Bronce hablaban muchas lenguas,** como el sumerio en Mesopotamia, el griego micénico en Grecia y el sánscrito védico (la lengua del hinduismo) en la India.

127. **Durante la Edad de Bronce se verificaron muchos inventos científicos,** como los relojes de sol, utilizados para medir el tiempo.

128. **Los chinos inventaron la escritura durante la Edad de Bronce, escribiendo en un material llamado hueso de oráculo,** que se utilizaba para comunicarse con los antepasados y los dioses. Algunos estudiosos creen que el chino fue la primera lengua escrita.

129. **Los tejedores utilizaban telares para crear intrincados motivos,** mientras que los orfebres elaboraban objetos decorativos utilizando metales preciosos como el oro o la plata.

130. **La astronomía avanzó con la cartografía de las estrellas realizada por los astrónomos babilonios,** que utilizaban sus observaciones también con fines adivinatorios.

131. **La invención del torno de alfarero en Mesopotamia** permitió la producción masiva de piezas de cerámica en toda la región.

132. **Las primeras monedas se acuñaron en Lidia** (actual Turquía) alrededor del año 600 a. C., aunque el trueque se utilizaba a menudo como sistema económico durante este periodo.

133. **En el Cercano Oriente, los metalúrgicos fabricaron los primeros carros durante este periodo.** En Inglaterra, se construyeron poblaciones fortificadas para proteger a las comunidades de los ataques.

134. **Algunos deportes modernos, como la lucha, el lanzamiento de jabalina y el boxeo,** surgieron por primera vez durante este período.

135. **El código legal más antiguo** que se conoce fue redactado durante la Edad de Bronce. Se llamaba *Código de Ur-Nammu.*

Antigua civilización mesopotámica
(5000-539 a. C.)

Explore la intrigante historia de la **antigua civilización mesopotámica**, que existió en lo que hoy es **Irak, Kuwait, Siria y Turquía**. Este capítulo examina veinte hechos interesantes sobre los pueblos que habitaban esta región, incluyendo sus creencias, historias e inventos.

136. **Mesopotamia se conoce como la Cuna de la Civilización** porque fue una de las primeras regiones donde surgió una sociedad compleja.

137. **Las principales ciudades de la antigua Mesopotamia eran Uruk, Ur, Babilonia y Eridu.** Todas estas ciudades estaban situadas cerca de los ríos Tigris y Éufrates.

138. **Muchos imperios llamaron a Mesopotamia su hogar a lo largo de la historia, incluyendo los de Acadia, Babilonia y Asiria,** cada uno con características culturales distintivas, como lenguas y creencias religiosas propias.

139. **Los pueblos que vivían en Mesopotamia desarrollaron la agricultura**, lo que les permitió cultivar trigo y cebada y domesticar animales.

140. **La epopeya de *Gilgamesh* es un antiguo poema de Mesopotamia** que narra la historia de un rey heroico que busca la inmortalidad tras la muerte de su amigo Enkidu.

141. **Los habitantes de la civilización sumeria desarrollaron una forma de escritura llamada cuneiforme** para comunicarse entre sí. Esta innovación dio lugar al desarrollo posterior de los ideogramas.

142. La antigua religión mesopotámica era politeísta, con dioses asociados a diferentes aspectos de la naturaleza, como el **cielo** (Anu), la **fertilidad** (Inanna) o el **agua** (Enki).

143. **Los habitantes de la antigua Mesopotamia creían que sus almas iban al más allá tras la muerte.** Este lugar mítico era conocido como la Irkalla o el «Gran Abajo» y estaba situado bajo este mundo.

144. **Los mesopotámicos utilizaban las matemáticas y la astronomía con fines prácticos**, como medir el tiempo y predecir los eclipses. Desarrollaron un sistema con base 60 que fue adoptado por los babilonios y que se sigue utilizando en la actualidad.

145. **La antigua Mesopotamia estaba dividida en ciudades-estado** que tenían reyes o gobernantes que las regían con leyes; algunas de estas leyes siguen vigentes hoy en día.

146. **El Imperio acadio es considerado el primer imperio antiguo.** Fue fundado por un gobernante legendario llamado **Sargón** y alcanzó su apogeo alrededor del año 2.200 a. C.

147. **El arte de la antigua Mesopotamia incluye estatuas, relieves** (tallas en piedra), cerámica, sellos cilíndricos y joyas con piedras preciosas como el lapislázuli o el oro.

148. **Los habitantes de esta civilización desarrollaron un sistema de riego llamado** *shaduf*, que era una herramienta para trasladar el agua de los ríos a los campos de cultivo.

149. **La música desempeñaba un papel importante en la sociedad**, con instrumentos como las liras, muy populares entre la nobleza. Los tambores se utilizaban a menudo durante festivales o ceremonias.

150. **Desde el punto de vista económico, el comercio era muy importante** debido a la disponibilidad de recursos, como los minerales que se encontraban cerca de los ríos. **Los mercaderes viajaban entre ciudades para intercambiar bienes** que recogían en diferentes lugares.

151. **Los antiguos mesopotámicos eran hábiles artesanos** que trabajaban con diversos materiales para crear herramientas, armas y joyas. Utilizaban técnicas como la fundición o la incrustación de piedras en oro.

152. **Los médicos eran capaces de diagnosticar enfermedades, examinar el cuerpo y prescribir tratamientos con hierbas o cataplasmas.**

153. **La arquitectura jugaba un gran papel en la sociedad mesopotámica**, con impresionantes *zigurats* (un tipo de pirámide) hechos de ladrillos de barro.

154. **Varios inventos surgieron en Mesopotamia** y aún hoy se utilizan ampliamente en todo el mundo, como la rueda.

155. **Babilonia, una de las más grandes civilizaciones mesopotámicas, fue conquistada por los persas en 539 a. C.,** poniendo fin a la época de esplendor de Mesopotamia. Las culturas de esta región se siguen estudiando hoy en día como recordatorio de lo lejos que ha llegado el progreso humano.

La civilización del antiguo Egipto
(3100-30 a. C.)

Este capítulo explora **la rica historia de la antigua civilización egipcia**. Se presentan veinte datos interesantes sobre la cultura, las creencias y las artes de esta civilización.

156. **El antiguo Egipto fue una de las civilizaciones más antiguas de la historia,** que alcanzó su apogeo alrededor del año 3.100 a. C. El año de su conquista por parte los romanos (30 a. C.) se considera la fecha de su final.

157. **Los egipcios creían que sus faraones eran dioses** que los gobernaban con poder divino.

158. **Como deidad sagrada, el faraón no solo era el gobernante del pueblo egipcio**, sino también el intermediario con los dioses.

159. **Los egipcios creían en la vida después de la muerte,** por lo que preservaban los cuerpos mediante el proceso de momificación.

160. Al igual que nuestro calendario actual, **los egipcios crearon un calendario con doce meses, cada uno con treinta días, más cinco días extra, lo que suma 365 días.**

161. **Los antiguos egipcios también eran grandes matemáticos** y estudiaban la geometría para medir terrenos o construir estructuras.

162. **Las tumbas de los faraones se llenaban de tesoros y artefactos** para que los usaran en la otra vida, incluyendo muebles, comida, joyas y ropa.

163. **Los antiguos egipcios creían en muchos dioses y diosas,** como **Ra** (el dios del sol), **Isis** (la diosa de la maternidad) y **Anubis** (el dios de la muerte).

164. **Los antiguos egipcios creían en la magia y la utilizaban para curar enfermedades,** predecir el futuro y protegerse de las fuerzas del mal.

165. **El sistema de escritura jeroglífica egipcia es una de las formas de comunicación escrita más antiguas que se conocen.**

166. **Los egipcios eran maestros de la construcción,** ya que crearon templos y tumbas. **También construyeron barcos**, que les permitieron explorar lugares lejanos como África y la India.

167. **El río Nilo proporcionaba agua para la agricultura** y se usaba para transportar mercancías y viajar largas distancias.

168. **Los antiguos egipcios practicaban varios juegos, como el** *senet* (un juego de mesa), juegos de pelota similares a los actuales fútbol y hockey y lanzamiento de jabalina.

169. **Los artesanos egipcios eran muy hábiles en la fabricación de joyas de oro** y en la creación de diseños intrincadamente detallados con piedras preciosas y gemas.

170. **Los antiguos egipcios también hacían piezas de cerámica, esculturas y** pinturas para celebrar a sus dioses o conmemorar acontecimientos de la vida.

171. **La gran pirámide de Giza es la única de las Siete Maravillas del Mundo Antiguo que existe en la actualidad.** Fue construida alrededor del año 2.560 a. C.

172. **Los antiguos médicos egipcios utilizaban plantas y hierbas como medicinas.** Comprendían la anatomía humana gracias al proceso de momificación.

173. **La piedra de Rosetta, descubierta en 1799,** contiene escrituras en tres idiomas, incluido un mensaje jeroglífico **escrito durante el periodo ptolemaico** que ayudó a los eruditos a descifrar la **antigua lengua egipcia.**

174. **Los egipcios dejaron tras de sí innumerables artefactos,** incluidos rollos de papiro con historias de la mitología, **ataúdes tallados con intrincados diseños** y altos obeliscos hechos de granito, muchos de los cuales siguen en pie hoy en día.

175. **El antiguo Egipto fue una de las primeras culturas en utilizar las monedas como forma de cambio,** adoptando la de los lidios, que fueron la primera civilización en acuñar monedas en el siglo VII a. C.

La Edad de Hierro
(1.200-550 a. C.)

La Edad de Hierro marcó un punto de inflexión en la historia de la humanidad. El descubrimiento del hierro permitió construir estructuras más grandes y fabricar armas y herramientas más potentes. **En este periodo también surgieron muchos imperios famosos.** Descubra veinte hechos sobre esta época fascinante.

176. **La Edad de Hierro fue una época de la historia entre los años 1.200 y 550 a. C.** en la que se empezó a utilizar el hierro para crear herramientas y armas.

177. **La Edad de Hierro en China comenzó un poco más tarde, alrededor del 600 a. C., durante el reinado de la dinastía Zhou.**

178. Antes de la Edad de Hierro, **las herramientas y armas se construían con bronce porque era más fácil de moldear que el hierro.**

179. **Con el tiempo, se descubrió que el hierro era mucho más resistente.** El hierro permitió crear armas más fuertes, como espadas, hachas, lanzas y escudos para protegerse de los enemigos.

180 **Durante este periodo surgieron algunos de los imperios más famosos del mundo,** como el **Imperio persa** y el **Imperio romano.** Ambos han dado forma a nuestro mundo actual.

181. **La transición a la Edad de Hierro se produjo tras el colapso de la Edad de Bronce.** Algunas civilizaciones recuperaron lentamente la estabilidad tras siglos de decadencia, gracias, en parte, al uso del hierro.

182. **Durante la Edad de Hierro comenzaron a surgir nuevas ciudades-estado,** algunas de las cuales se convirtieron en poderosos imperios como el de Persia (actual Irán) y Asiria (actual Irak).

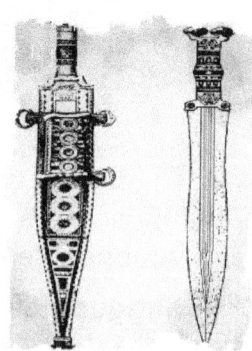

183. **Las nuevas herramientas agrícolas eran más desarrolladas, como las hoces de hierro,** que se han encontrado en múltiples yacimientos de la Edad del Hierro en la India.

184. **Los arqueólogos han encontrado pruebas que sugieren que muchas sociedades de la Edad de Hierro tenían sistemas políticos,** jerarquías sociales y creencias religiosas complejas.

185. **El pueblo celta habitó la mayor parte de Europa central y occidental durante esta época.** Eran conocidos por sus fantásticos trabajos de arte, metalistería y joyería.

186. **A pesar de su prominencia en el pasado, las lenguas celtas** solo se hablan ahora en partes del noroeste de Francia, Irlanda, Gales y Escocia.

187. **En la Edad de Hierro se produjeron grandes avances tecnológicos,** como el desarrollo de las monedas y otras formas de comercio, además de nuevos medios para viajar, como los grandes barcos.

188. **Durante la Edad de Hierro se crearon numerosas aldeas fortificadas en Inglaterra** y otras zonas donde se asentaban los pueblos celtas. La existencia de estas estructuras demuestra que las distintas tribus celtas estaban muy interconectadas.

189. **La Edad del Hierro también fue conocida por sus hermosas piezas de cerámica, hechas de terracota** y decoradas con motivos geométricos o escenas de la vida cotidiana.

190. Durante este periodo, se empezó a utilizar el lenguaje escrito con más regularidad que nunca. **Se desarrollaron muchas escrituras en Asia, Europa y África.**

191. **Las técnicas de trabajo del bronce continuaron junto con el trabajo del hierro en gran parte de Europa hasta alrededor del año 600 a. C.,** cuando el hierro pasó a dominar definitivamente debido a su resistencia.

192. **El arte de la Edad del Hierro era altamente simbólico y a menudo representaba a dioses, diosas** y elementos naturales como el sol, la luna y las estrellas.

193. **La invención de herramientas de hierro hizo posible la construcción de estructuras grandes como puentes** suficientemente fuertes como para soportar las corrientes fluviales.

194. **La agricultura de esta época se extendió por toda Europa** gracias a los avances en la tecnología, que mejoraron el rendimiento de las cosechas y aumentaron la población.

195. En el Cercano Oriente, **el auge del Imperio persa aqueménida en 550 a. C. se considera el «final» de la Edad de Hierro,** mientras **que la expansión romana en el siglo I d. C. es su último momento en Europa.**

La civilización de la antigua Grecia
(800-323 a. C.)

En este capítulo se explora la fascinante historia del periodo griego clásico. Se presentan **veinte datos** sobre **la cultura, las artes, el gobierno y la religión** de esta civilización.

196. **La civilización egea es el nombre para referirse colectivamente a varias civilizaciones de la antigua Grecia durante la Edad de Bronce**, antes de su colapso, entre el 1.200 y el 1.000 a. C. Se incluyen las civilizaciones cicládica, minoica y micénica. El periodo griego clásico comenzó alrededor del 800 a. C. y duró hasta el 323 a. C.

197. **Los griegos creían en muchos dioses**, cada uno con poderes y responsabilidades especiales.

198. **Uno de los dioses más importantes era Zeus**, que gobernaba sobre todos los demás dioses y diosas desde el **monte Olimpo,** la montaña más alta de Grecia.

199. **La antigua civilización griega estaba formada por varias ciudades-estado como Atenas, Corinto y Esparta.** Cada una de estas ciudades-estado tenía sus propias leyes y gobierno; la antigua Grecia no estaba unida, salvo en tiempos de guerra contra enemigos comunes. Muchas de estas civilizaciones tenían culturas similares, pero cada ciudad-estado era única.

200. **La arquitectura de la antigua Grecia es famosa por los bellos templos dedicados a los dioses,** como **el Partenón**, dedicado a **Atenea**, o **el templo de Poseidón**, en Sunio.

201. **Los primeros Juegos Olímpicos** tuvieron lugar en el año 776 a. C. durante un festival religioso en honor al dios Zeus.

202. **Los antiguos griegos valoraban mucho el arte y la música.** Escribían obras de teatro sobre mitos y leyendas, pintaban cerámica y esculturas y tocaban instrumentos musicales como la lira y el aulós (un instrumento de viento).

203. **Los filósofos griegos, como Sócrates, Platón y Aristóteles,** desarrollaron teorías sobre el conocimiento, la política, la ciencia, las matemáticas y la ética que han influido en la sociedad occidental durante siglos.

204. **Los antiguos griegos creían que la materia estaba formada por cuatro elementos: tierra, aire, fuego y agua, también conocidos como los elementos clásicos.** Una concepción similar de la materia y la vida puede rastrearse en otras civilizaciones antiguas de todo el mundo.

205. **Los antiguos griegos eran grandes navegantes que exploraban el mar Mediterráneo** con sus flotas de barcos y comerciaban mercancías con otras culturas cercanas.

206. **Los griegos creían en el equilibrio de los humores** (sangre, flema, bilis amarilla y bilis negra) a través del ejercicio y la dieta en lugar de la medicina o las cirugías.

207. **El secuestro de Helena de Esparta por parte de Paris de Troya desencadenó la legendaria guerra de Troya.** Los historiadores aún no están seguros de si ocurrió realmente, aunque hay pruebas de que existió una ciudad llamada Troya.

208. **Los antiguos griegos creían en muchos mitos, como el de la caja de Pandora,** que advertía que la curiosidad puede ser peligrosa si no se controla.

209. Los antiguos griegos realizaron importantes avances matemáticos, con **Euclides creando la geometría y Pitágoras desarrollando teoría**s sobre las matemáticas y la música.

210. **La antigua lengua griega evolucionó a lo largo de los siglos,** formando el griego que se habla hoy en día. Muchas palabras inglesas derivan del griego.

211. **La antigua Grecia fue la cuna del teatro.** Allí se representaron por primera vez tragedias y comedias, a menudo como parte de **festivales religiosos en honor a Dioniso** (el dios del vino).

212. **Esparta tenía uno de los sistemas de entrenamiento militar más duros.** Los niños eran entrenados desde los siete hasta los treinta años para convertirse en fuertes guerreros, conocidos como hoplitas.

213. Tras el colapso de la Edad de Bronce, **se abandonó el uso de la escritura en los territorios griegos.** El alfabeto griego se desarrolló alrededor del año 800 a. C., poniendo fin a siglos de vida sin una lengua escrita.

214. **Los antiguos griegos creían en el poder de la «*areté*», un ideal de excelencia y virtud.**

215. **Grecia fue conquistada por los romanos** en el siglo II a. C. y se convirtió en una provincia romana, aunque algunas zonas siguieron siendo semiautónomas. **La conquista romana se considera el fin de la antigua civilización griega.**

La antigua civilización romana
(753 a. C.-476 d. C.)

Explore **la rica historia de la antigua Roma** y descubra su poderoso legado, que ha dejado una huella que perdura en el mundo actual. En este capítulo, se descubren veinte **hechos** fascinantes **sobre la civilización romana**, incluyendo su **tecnología, su gobierno y algunas de sus estructuras icónicas.**

216. **La antigua Roma fue una civilización poderosa e influyente** que duró más de mil años.

217. **Según el mito, Rómulo y Remo son los dos hermanos que fundaron Roma** tras ser rescatados por una loba cuando eran bebés.

218. **La tecnología de los romanos era muy avanzada.** Construyeron complejos sistemas de carreteras, puentes y acueductos, algunos de los cuales todavía se utilizan hoy en día.

219. **El latín, la lengua de la antigua Roma,** fue adquiriendo importancia a medida que **los romanos se expandieron desde Italia y conquistaron Europa y el Cercano Oriente.** Hoy en día, las lenguas romances (francés, italiano, portugués, español y rumano) comparten influencias latinas.

220. **Roma dejó de ser una monarquía** en el año 509 a. C., cuando fue derrocado su último rey, **Tarquinio Superbo**. Se estableció una **democracia** representativa (una república).

221. **Los romanos sustituyeron al rey por dos cónsules**, que eran elegidos para un mandato de un año. **El Senado era el órgano legislativo más importante** y estaba compuesto por varios centenares de senadores vitalicios.

222. Formado principalmente por patricios ricos, **el trabajo del Senado consistía en votar leyes y tomar decisiones para Roma.** La influencia del Senado disminuyó cuando Roma se convirtió en un imperio.

223. **Julio César es quizás el gobernante más famoso de Roma.** Introdujo grandes cambios en la antigua Roma al derrocar la república y convertirse en dictador vitalicio.

224. **La República romana no terminó oficialmente hasta el año 27 a. C., cuando César Augusto** (también conocido como Octavio), hijo adoptivo y heredero de Julio, se convirtió en emperador.

225. El Coliseo de Roma es una de las estructuras más impresionantes de este periodo. La gente acudía allí para ver las luchas de gladiadores y otros espectáculos.

226. Los habitantes de la antigua Roma se dividían en dos clases: patricios (ricos) y **plebeyos** (pobres). Al principio, los patricios tenían prácticamente todo el poder político, mientras que el poder de los plebeyos era muy limitado. Con el paso del tiempo, los plebeyos fueron ganando más poder.

227. La religión jugó un papel importante durante esta época, ya que se honraba a los dioses en templos y se hacían sacrificios y festivales en su honor.

228. Los esclavos eran una parte importante de la sociedad romana, ya que proporcionaban mano de obra para muchos trabajos que los ciudadanos no hacían o no podían pagar.

229. La educación era muy valorada durante este periodo. Diversas escuelas enseñaban materias como literatura, matemáticas y ciencias.

230. Las luchas de gladiadores eran formas populares de entretenimiento en la antigua Roma. Se llevaban a cabo por parte de algunos hombres que eran capturados en la guerra y se convertían en luchadores profesionales. Posteriormente, muchos se apuntaban a ser gladiadores con la ilusión de ser famosos.

231. Las termas de Caracalla, con sus enormes piscinas al aire libre, eran una de las estructuras más impresionantes de Roma.

232. Aunque los antiguos romanos no inventaron el hormigón, sí fueron los primeros en utilizarlo a gran escala. **Los romanos mezclaron cal y ceniza volcánica con agua, creando un material resistente y duradero**.

233. El Circo Máximo era el mayor estadio de carros de Roma. La gente se reunía para ver y apostar a las carreras de cuadrigas.

234. Muchos monumentos famosos, como **el arco de Tito o el arco de Constantino**, se construyeron durante este periodo para honrar a los líderes.

235. Uno de los aspectos más influyentes de la antigua Roma fue su sistema legal, que proporcionaba leyes justas que se aplicaban a todas las provincias del imperio. Este sistema se basaba en **el concepto de ley natural**, que sostenía que la ley debía basarse en la razón y la justicia y no en la voluntad arbitraria de un gobernante.

El auge del cristianismo
(siglos I-IV d. C.)

En este capítulo se analiza la extraordinaria introducción del **cristianismo a partir del siglo I d. C.** Se examinan veinte hechos intrigantes sobre este período revolucionario, incluyendo **la difusión de las enseñanzas de Jesucristo** y algunas de las primeras figuras influyentes en la historia cristiana.

236. **Los eruditos creen que Jesucristo nació en Belén, cerca de la ciudad de Jerusalén**, entre el VI y el IV a. C.

237. **Los primeros seguidores de Jesús fueron llamados cristianos por los demás**. Difundieron las enseñanzas de Jesús por todo el Imperio romano.

238. **Muchos de los primeros cristianos fueron bautizados por Juan el Bautista**. La mayoría de los estudiosos están de acuerdo en que el bautismo del mismo **Jesús** en **el río Jordán** es uno de los acontecimientos de la *Biblia* que más probablemente haya sucedido.

239. Antes de que surgiera el cristianismo, **la mayoría de la población europea seguía diferentes religiones paganas y politeístas** como la griega y la romana.

240. **Después de la crucifixión de Jesús, algunos de sus apóstoles escribieron relatos sobre él,** que pasaron a formar parte de lo que hoy conocemos como el Nuevo Testamento. Algunas personas creen que los apóstoles no escribieron estas historias, aunque esa es la creencia tradicional.

241. **San Pedro, uno de los doce apóstoles de Jesús, fue el fundador de la Iglesia de Roma,** institución que más tarde se convirtió en la Iglesia católica romana, gobernada por el papado. Por esta razón, San Pedro también es considerado el primer papa.

242. **Pablo fue una figura importante que ayudó a difundir las creencias cristianas.** Recorrió grandes distancias y escribió cartas que hoy se encuentran en el Nuevo Testamento.

243. **Muchos mártires de esta época dieron su vida por su fe en Cristo.** Sus sacrificios aún son recordados por los cristianos de todo el mundo.

244. **Después de una visión de Dios, el emperador romano Constantino I promulgó el Edicto de Milán**, que hizo posible que los cristianos practicaran libremente su religión en el imperio.

245. **El Edicto de Milán no solo se refería al cristianismo;** concedía libertad para que se practicara cualquier religión, lo que lo convertía en un acto de mucha tolerancia.

246. **El emperador Constantino fue uno de los emperadores más influyentes del cristianismo primitivo**, ya que hizo a Jesús patrón de su ejército y se convirtió en el año 312.

247. **Los primeros monasterios surgieron en el siglo IV.** Los monasterios son lugares donde los monjes se reúnen para rezar y estudiar entre ellos las escrituras cristianas.

248. **San Agustín** (354-430) fue una figura importante que **contribuyó significativamente al desarrollo del conocimiento de la fe y la teología de la Iglesia** a través de muchas escrituras sobre las enseñanzas cristianas.

249. En el año 325 d. C. **se reunió el Primer Concilio de Nicea** en el que se debatieron muchas cuestiones doctrinales del cristianismo. En última instancia, esto ayudó a definir el cristianismo como una religión unificada con su propio conjunto de creencias y prácticas que fueron aceptadas por los miembros presentes en el concilio.

250. **Los primeros cristianos comenzaron a construir lugares para reuniones y servicios de adoración, lo que permitió que más personas tuvieran acceso a escuchar la palabra de Dios.**

251. **Estos edificios tenían suntuosas decoraciones** que representaban escenas bíblicas para inspirar a los asistentes de los servicios que se celebraban.

252. En el 380 d. C., **el emperador Teodosio declaró al cristianismo religión oficial del Estado de Roma**, otorgándole privilegios especiales y apoyo.

253. En 392, **el mismo Teodosio prohibió todas las prácticas religiosas no cristianas** y ordenó que se destruyeran todos los templos o lugares de culto de otras creencias, lo que llevó a la ruina de muchos lugares sagrados.

254. **Las cinco ciudades más importantes del cristianismo primitivo fueron** Jerusalén, Roma, Constantinopla, Alejandría y Antioquía.

255. **El cristianismo se ha seguido extendiendo y evolucionando a lo largo de los siglos,** hasta el punto que hoy en día es una de las mayores religiones del mundo, con millones de seguidores en todo el planeta.

Invasiones bárbaras
(siglo V al VII d. C.)

Las invasiones bárbaras en Europa cambiaron para siempre la faz del continente. Estas tribus perturbaron las reglas romanas y de otros estados grandes. Este capítulo explora quince datos interesantes **sobre las tribus bárbaras**, incluyendo de dónde venían y quiénes las lideraban.

256. **Los romanos llamaban «bárbaros» a los grupos de personas de culturas no romanas.**

257. **La palabra «bárbaro» proviene del término griego para extranjero, es decir, aquel que habla una lengua desconocida** o sigue costumbres diferentes. ¡Los griegos incluso se referían a los romanos como bárbaros!

258. **Algunas interacciones bárbaras con el Imperio romano fueron pacíficas**, mientras que otras dieron lugar a grandes batallas y a la destrucción de ciudades enteras.

259. **Los hunos, los godos, los francos, los vándalos, los lombardos y los alanos fueron los grupos bárbaros más destacados** en las invasiones bárbaras durante los últimos años del Imperio romano.

260. **Muchas tribus bárbaras procedían de Asia Central y Europa Oriental.**

261. **Una famosa invasión bárbara fue la de Atila, el huno,** que amenazó Roma entre los años 441 y 451 d. C.

262. **La caída del Imperio romano de occidente se atribuye a menudo a estas invasiones bárbaras,** que lo debilitaron con el tiempo.

263. **Los sajones hicieron famosas incursiones en Gran Bretaña hacia el 450 d. C.** con resultados muy rentables en varias invasiones.

264. **Las invasiones bárbaras tuvieron un gran impacto en la expansión del cristianismo en Europa,** ya que muchas tribus se convirtieron a la religión durante este período.

265. **Uno de los líderes bárbaros más famosos fue Clodoveo, rey de los francos**, que se convirtió al cristianismo en el año 496 d. C.

266. **Los visigodos saquearon Roma en el 410 d. C.** y la debilitaron considerablemente.

267. Uno de los principales resultados de estas invasiones fue la formación de nuevos reinos en toda Europa, como cuando **los lombardos crearon el reino de Italia**.

268. **Algunos grupos bárbaros, como los lombardos, adoptaron la lengua latina** y el sistema de escritura desarrollado por los romanos.

269. **Los estudios lingüísticos demuestran que muchas lenguas europeas modernas descienden de las que hablaban diversas tribus bárbaras**, incluidas las familias de lenguas germánicas, romances y eslavas.

270. En el siglo VII, **la mayor parte de Europa se había dividido entre los distintos reinos formados por estos invasores**, que perduraron hasta la Baja Edad Media (1350-1500).

Caída del Imperio romano de occidente
(476 d. C.)

En este capítulo se analiza la caída del Imperio romano de occidente a través de veinte datos interesantes sobre su declive. **¿Por qué cayó el otrora gran Imperio romano?** ¿Y quién o qué fue responsable de ello?

271. **En el siglo II d. C., el Imperio romano alcanzó su mayor extensión,** ocupando tierras no solo en Italia y Europa Occidental, sino también en los Balcanes, Anatolia, Mesopotamia, Egipto y Britania.

272. En el siglo IV, **se hizo evidente que el Imperio romano era demasiado grande para gobernarlo.** En el año 395 d. C., para resolver muchos de los problemas de gobierno, el imperio se **dividió** oficialmente en **oriente** (bizantino) y **occidente** (romano).

273. **Roma fue saqueada por los visigodos** en el 410 d. C., lo que inició su declive como gran potencia.

274. **Los hunos invadieron Italia** en el 452 d. C. y causaron aún más daños a las tierras imperiales.

275. **Las tribus germánicas se apoderaron de antiguas provincias romanas** entre el 476 y el 500 d. C., con los vándalos apoderándose de Cartago y los ostrogodos ocupando Sicilia e Italia.

276. **Estilicón, uno de los últimos grandes generales romanos,** intentó contener las invasiones bárbaras, pero fracasó debido a las luchas políticas internas, entre otros factores.

277. **Rómulo Augústulo es considerado el último emperador romano de occidente** y gobernó poco más de un año (475-476). Abdicó tras ser derrocado por Odoacro, poniendo fin al Imperio romano de occidente.

278. **El Imperio romano de oriente** (también conocido como Imperio bizantino) duró alrededor de mil años más, hasta su desaparición en 1453.

279. **El cristianismo, que se convirtió en la religión oficial de Roma**, sobrevivió al colapso del imperio y continuó siendo muy influyente en la Europa posromana.

280. En el año 476 d. C. **se juntaron una serie de problemas económicos**, como la inflación y los elevados impuestos, que debilitaron las infraestructuras y el poderío militar.

281. **La inestabilidad política creció debido a que los emperadores eran incapaces de mantener un control firme de los territorios bajo su dominio.** Su ineficacia permitió a las tribus bárbaras acceder más fácilmente a las tierras imperiales sin resistencia por parte de las fuerzas gubernamentales.

282. **La creciente dependencia de ejércitos mercenarios en lugar de soldados profesionales** hizo ineficaces los esfuerzos militares contra las naciones enemigas, lo que contribuyó a la caída final de Roma.

283. **La población disminuyó en diferentes provincias debido a plagas,** hambrunas y guerras.

284. **La caída del Imperio romano de occidente condujo a un largo período de inestabilidad y agitación en Europa,** con el surgimiento de nuevos reinos que se desafiaban unos a otros por el dominio en un mundo sin un imperio unificador.

285. **Este periodo se conoce a menudo como la edad oscura**, aunque en la actualidad se considera un término equivocado. Sin embargo, hubo un periodo de regresión cultural y tecnológica tras la caída de Roma, que se estabilizó con el **Renacimiento**.

286. **Las redes comerciales se desplazaron hacia zonas más localizadas,** puesto que ya no existía un imperio que protegiera las rutas comerciales.

287. **Las tribus germánicas comenzaron a apoderarse de las tierras que antes estaban bajo el control de Roma,** introduciendo su lengua y sus leyes en lugar de las latinas utilizadas anteriormente por los romanos.

288. Después del 476 d. C., **las antiguas provincias romanas empezaron a desarrollar sus propias identidades y culturas** que continúan hoy en día en diferentes partes de Europa.

289. **El feudalismo se convirtió en la forma de gobierno dominante en Europa** tras la caída de Roma, ya que proporcionaba una sensación de protección y estabilidad.

290. **La Iglesia asumió parte del poder y la autoridad del Estado durante este periodo,** lo que condujo a un aumento de la influencia religiosa en la sociedad.

La expansión del islam
(del siglo VII a la actualidad)

Este capítulo explora la increíble expansión del islam a lo largo de la historia y sus numerosas repercusiones en la sociedad, la cultura, el arte y la política. Se repasan veinte datos sobre esta fascinante religión, que comenzó en **la península arábiga** hace más de 1400 años.

291. **El profeta Mahoma nació en el año 570 de la era cristiana y recibió su primera revelación de Dios en el año 610.**

292. **Los musulmanes creen que solo hay un Dios (Alá)** y que Mahoma es su mensajero o profeta.

293. Después de recibir estas revelaciones, **Mahoma comenzó a predicar sobre el monoteísmo y la justicia social**, que eran muy diferentes de las tradiciones tribales de Arabia en ese momento.

294. En el año 622 d. C., debido a la creciente presión ejercida sobre él por quienes se oponían a su mensaje, **se trasladó con sus seguidores a Medina**.

295. **El año 622 marca el inicio del calendario musulmán.**

296. En el 661 **se estableció un imperio llamado Califato omeya**. Fue la primera dinastía islámica. **El Califato omeya** expandió sus territorios, popularizando el islam en Asia Central y Europa.

297. **Durante la primera mitad del siglo VIII, el Califato omeya conquistó Iberia al reino visigodo** e intentó invadir Francia, pero fue derrotado por las fuerzas francas, dirigidas por Carlos Martel, en la batalla de Tours en 732.

298. **Tras su establecimiento, el islam se extendió rápidamente por la mayor parte del suroeste de Asia.** Los musulmanes cruzaron al norte de África alrededor del 670 d. C. antes de llegar a España alrededor del 711 d. C.

299. **El Califato rashidun capturó la ciudad santa de Jerusalén tras un largo asedio en el 637. Jerusalén** y el resto de la Tierra Santa no fueron recuperadas por una potencia cristiana hasta las Cruzadas.

300. A partir del **reinado del califa Harun al-Rashid en el siglo VIII y hasta el siglo XIII**, el mundo islámico vivió un periodo de excelencia científica, cultural y económica conocido como **la Edad de Oro islámica.**

301. En 1258**, Bagdad fue saqueada por las fuerzas mongolas al mando de Hulegu Khan**, lo que provocó el declive del poder islámico en la región.

302. Después de ese periodo, **hubo varias olas importantes de conversión al islam**, como durante el dominio otomano (1299-1922).

303. **En la actualidad, casi dos mil millones de personas practican esta religión en todo el mundo**, lo que la convierte en uno de los mayores grupos religiosos.

304. **El islam se mezcló con muchas culturas diversas en distintas partes del mundo**, como la cultura **árabe** en el **norte de África y Medio Oriente**, la cultura **persa** en **Irán y la cultura del subcontinente indio.**

305. **Los musulmanes se rigen por un código ético conocido como** *shariah*, que guía su conducta y se deriva de las enseñanzas del *Corán* y la *Sunnah*.

306. **Prestan especial atención a las fiestas religiosas como el Eid al-Fitr, que marca el final del Ramadán,** o la realización del Hayy, una peregrinación a la ciudad santa de La Meca al menos una vez en la vida.

307. **El arte islámico incluye caligrafía, motivos geométricos y diseños arabescos** que reflejan las creencias islámicas. Las mezquitas, la vestimenta y los manuscritos demuestran el buen ojo de los musulmanes para los detalles y la belleza.

308. **El islam desempeñó un papel importante en el cambio de la historia política de Europa cuando el Imperio otomano se expandió** en el siglo XVI d. C. El flujo de mercancías asiáticas hacia Europa se vio restringido y obligó a los europeos a encontrar una nueva ruta, lo que dio comienzo a la Era de las Exploraciones.

309. **Entre los países con una considerable población musulmana en la actualidad, se encuentran Pakistán, Bangladesh, Indonesia e India.** En la India viven más de doscientos millones de musulmanes, la cifra más alta de todos los países de mayoría no musulmana.

310. **La expansión del islam se ha asociado a menudo con la violencia y el terrorismo,** pero esto solo se refiere a un número muy reducido de grupos extremistas que malinterpretan los principios del islam para adaptarlos a sus agendas o intereses.

El Imperio mongol
(1206-1368)

Explore la extraordinaria historia de uno **de los mayores imperios de la historia mundial**. A continuación, se presentan veinte hechos sobre **los mongoles**, desde su ambicioso fundador hasta ilustres gobernantes como **Kublai Khan**.

311. **El Imperio mongol fue el mayor imperio terrestre contiguo de la historia,** extendiéndose desde el mar de Japón hasta el este de Europa en su apogeo.

312. **Fue fundado por Gengis Kan**, que unió tribus nómadas bajo su dominio y conquistó muchas tierras para formar un imperio.

313. **Otro gobernante mongol memorable es Kublai Khan, nieto de Gengis Khan**. Estableció la dinastía Yuan en China y gobernó la mayor parte de Asia Oriental.

314. Durante sus conquistas, **los mongoles desarrollaron nuevas formas de comunicación**, como el sistema Yam, que utilizaba estaciones de mensajería a ciertos intervalos para transmitir rápidamente la información.

315. **Los mongoles tenían un sistema eficiente de impuestos**, que les permitía financiar sus campañas militares sin poner demasiados impuestos a los habitantes del imperio, haciendo posible que se expandieran aún más.

316. **Sus tácticas militares eran muy eficaces.** A menudo fingían retiradas o falsas rendiciones para atraer a sus oponentes a trampas en las que morían un gran número de ellos, con pérdidas mínimas para los mongoles gracias a su excelente uso de los arqueros.

317. **Los mongoles eran infames por su uso de tácticas de terror**, a menudo destruyendo ciudades enteras para sembrar el miedo y asegurar la sumisión de los oponentes.

318. **Los mongoles eran expertos en montar a caballo** y eran increíblemente hábiles disparando flechas desde su montura.

319. **El general mongol Subutai fue uno de los caudillos más distinguidos durante el reinado de Gengis Kan**. Dirigió muchas campañas y se dice que nunca perdió una batalla.

320. **Construyeron una vasta red de rutas comerciales que conectaban China con Medio Oriente y Europa,** permitiendo que mercancías como la seda y las especias llegaran a tierras lejanas.

321. **Gengis Kan también estableció el primer código legal escrito de los mongoles, el *Yassa*,** que se utilizó en todo su imperio. Incluía leyes sobre el matrimonio, los castigos y los derechos de propiedad.

322. **El Imperio mongol fomentó el intercambio cultural entre diferentes regiones,** reuniendo a personas que compartían conocimientos sobre temas como medicina, filosofía y religión, entre otros.

323. **Bajo el gobierno de Kublai Khan, la cultura china floreció a través de la literatura y la pintura.** Este emperador incluso construyó un gran palacio en Pekín, la capital de China.

324. **El imperio comenzó a declinar tras la muerte de Gengis Kan** debido a las luchas de poder entre sus descendientes y otros líderes.

325. **Tras la muerte de Gengis Kan, los territorios conquistados fueron divididos por diferentes caudillos y generales mongoles.** La parte suroccidental del imperio quedó bajo el control del **Iljanato**, que controlaba el Cercano Oriente y se centraba en **Persia**. La parte **noroccidental** del imperio abarcaba la actual **Rusia y partes de la estepa de Asia Central**. Esta región estaba supervisada por **la Horda de Oro.**

326. Sin embargo, **muchos aspectos de la cultura mongola permanecen hoy en día**, como la lengua y las costumbres practicadas por ciertas tribus que viven cerca de las regiones fronterizas de Mongolia.

327. En 1271, **Marco Polo, un mercader veneciano, visitó China después de atravesar Mongolia.** El relato de su viaje fue escrito **por Rustichello da Pisa** en *Los viajes de Marco Polo*. A pesar de la popularidad del libro, no hay pruebas firmes de que **Marco Polo** llegara alguna vez a China.

328. **El concepto de papel moneda mongol se originó durante este período, ya que Kublai Khan** emitió monedas para facilitar el comercio en todo el imperio que gobernaba.

329. **Los mongoles eran conocidos por su estricta disciplina.** A menudo castigaban severamente a los criminales, mientras recompensaban a quienes les servían lealmente.

330. **Aunque solo duró unos 160 años, el Imperio mongol cambió la historia del mundo** con sus avances en comunicación, redes comerciales y tácticas militares que han sido adoptadas por muchas naciones desde entonces.

La Edad Media
(finales del siglo V-finales del siglo XV)

Un libro sobre la historia de la humanidad no estaría completo sin una mirada a **la Edad Media.** Mucha gente considera **la Edad Media** un periodo de estancamiento y atraso. Estos veinte datos le mostrarán lo interesante y formativo que fue este periodo.

331. **La Edad Media, también conocida como periodo medieval,** se extendió aproximadamente desde el colapso del Imperio romano de occidente hasta finales del siglo XV.

332. **No existe una fecha exacta para el final de la Edad Media,** pero a menudo se acepta la caída de Constantinopla, en 1453, como el término de este periodo.

333. La Edad Media se divide en tres periodos: **la Temprana, la Alta, y la Baja Edad Media.**

334. **La Temprana Edad Media** duró aproximadamente desde el siglo V hasta el X y también se la denomina **edad oscura.**

335. **Europa se volvió muy inestable tras la caída de Roma.** La población disminuyó, el comercio se redujo y los pueblos perdieron las conexiones de las que habían disfrutado en periodos anteriores.

336. **Tras la caída del Imperio romano de occidente, en el 476,** los antiguos territorios de Roma fueron divididos por los **pueblos germánicos** recién llegados, que crearon sus propios estados por toda Europa.

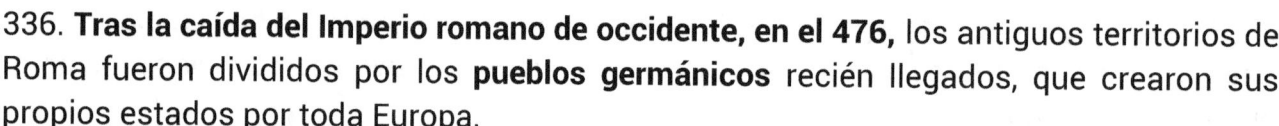

337. **La Iglesia cristiana se convirtió en la autoridad más reputada de la Temprana Edad Media.** La religión continuó extendiéndose y fue adoptada por los nuevos gobernantes de Europa Occidental en los siglos venideros.

338. **En Occidente, el cristianismo evolucionó de forma algo diferente,** con la Iglesia de Roma posicionándose como rival de **la Iglesia de Constantinopla,** lo que dio lugar **al Gran Cisma,** que vio la división de la Iglesia en **católica romana** (occidental) y **ortodoxa griega** (oriental).

339. **Los francos crearon un estado en Europa occidental** que terminó convirtiéndose **en el reino de Francia.**

340. **El gobernante franco más famoso y consumado fue Carlomagno** o Carlos el Grande. Subió al trono franco en el 768 y conquistó territorios en la actual Francia, el norte de Italia, el noreste de España y el oeste de Alemania, fundando el Imperio carolingio.

341. En el año 800, **Carlomagno fue coronado emperador de los romanos por el papa León III en la ciudad de Roma.**

342. **La Alta Edad Media** comenzó alrededor del siglo X y duró aproximadamente hasta el año 1350.

343. **Estuvo marcada por un ritmo creciente de urbanización, el apogeo del feudalismo,** la estabilización de las fronteras estatales y el inicio del redescubrimiento del pasado clásico, que terminó por dar paso al Renacimiento.

344. **La Alta Edad Media fue también la época de las Cruzadas,** cuando los cristianos europeos lanzaron múltiples invasiones a las tierras controladas por los musulmanes en Palestina con la esperanza de recuperar los lugares santos cristianos.

345. **La Reconquista tuvo lugar paralelamente a las Cruzadas**, con las facciones cristianas esperando derrotar a los musulmanes en Iberia.

346. A mediados del siglo XIV, **Europa fue devastada por un brote de peste bubónica,** comúnmente conocida como **la peste negra.**

347. Probablemente propagada desde Oriente, la peste negra acabó con cerca de un tercio de la población europea hacia el año 1350.

348. **La Baja Edad Media comenzó después de la peste negra** y terminó con la caída de Constantinopla, en 1453.

349. **En este periodo se produjeron muchos conflictos importantes en Europa,** como **la famosa guerra de los Cien Años entre Francia e Inglaterra y el ascenso del Imperio otomano**, que se apoderó de muchos de los territorios antes controlados por el Imperio bizantino.

350. **La forma de organización política más extendida durante la Edad Media fue la monarquía,** existiendo solo algunas repúblicas u oligarquías en la Europa de la época, como Venecia o Nóvgorod.

El Renacimiento
(siglo XIV d. C. al XVII d. C.)

Este capítulo explora el increíble periodo de la historia conocido como el Renacimiento. Fue una época de **grandes avances en el arte, la escritura, la música, la ciencia y la tecnología en toda Europa**. Se presentan veinte datos interesantes sobre artistas, escritores e inventores famosos.

351. **El Renacimiento fue un periodo entre los siglos XIV y XVII** en el que Europa experimentó una explosión en el arte, la escritura, la música, la ciencia y la tecnología.

352. **Durante el Renacimiento, se empezaron a explorar nuevas ideas sobre religión, política y derechos humanos.**

353. Muchos artistas famosos vivieron durante esta época, entre ellos **Leonardo da Vinci**, cuyas obras incluyen **la Mona Lisa**.

354. **Las antiguas filosofías griega y romana**, que se centraban en la razón en lugar de la fe o la superstición, **influenciaron profundamente esta época.**

355. **William Shakespeare** escribió muchas obras que siguen siendo populares hoy en día, como *Romeo y Julieta*.

356. **Johannes Gutenberg desarrolló una imprenta más eficiente**, que utilizaba tipos móviles. Esto permitió imprimir libros de forma más rápida y barata que nunca.

357. **La imprenta** permitió que las ideas de libros, periódicos, revistas y panfletos se difundieran rápidamente por Europa y otros lugares.

358. **Los mapas se hicieron mucho más precisos gracias a los avances en las técnicas de cartografía** (elaboración de mapas).

359. **Los escritos de Nicolás Maquiavelo contribuyeron a configurar el pensamiento político moderno** al enseñar dinámicas de poder y estrategias para los gobernantes. Sus obras, como *El Príncipe* y los *Discursos sobre Livio*, abrieron la puerta a una nueva forma de ver la política.

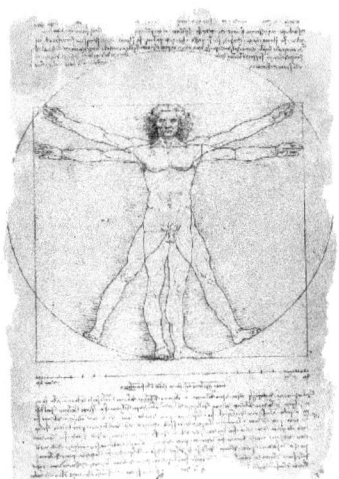

360. **Se empezó a estudiar la anatomía y a utilizar microscopios,** lo que ayudó a comprender mejor el cuerpo humano.

361. **Una de las primeras óperas fue *L'Orfeo*, escrita por Claudio Monteverdi** en 1607. Se considera la primera gran obra de teatro musical.

362. **Galileo Galilei utilizó un telescopio para observar los planetas por primera vez.** Descubrió que la Tierra no es el centro del universo, sino que gravita alrededor del Sol.

363. Durante este periodo **se inventaron** algunos instrumentos nuevos, como los **violines**, que permitieron explorar y desarrollar una gama más amplia de estilos musicales.

364. **El arte renacentista presenta a menudo dibujos en perspectiva,** en los que los objetos se hacen más pequeños a medida que se alejan del espectador.

365. **La relativa estabilidad y el progreso en Europa** condujeron al establecimiento de fronteras más firmes y varios reinos europeos comenzaron a avanzar en sus propias identidades nacionales.

366. Algunos gobernantes memorables de este periodo **son el rey Luis XIV, que gobernó Francia** de 1643 a 1715, **y la reina Isabel I, que gobernó Inglaterra** de 1558 a 1603.

367. **La banca se convirtió en una industria importante** gracias a innovaciones económicas como el método de contabilidad por partida doble.

368. **En el siglo XVI, comenzó la Reforma protestante,** que condujo a la división entre católicos y protestantes.

369. **En esta época, surgieron nuevos estilos arquitectónicos como el barroco.** Esta arquitectura llegó con diseños grandiosos que incorporaban ornamentación fastuosa y detalles recargados.

370. Algunos historiadores consideran **la guerra de los Treinta Años** (1618-1648) **como el final del Renacimiento.** Sin embargo, no existe una fecha exacta para esto. Las enseñanzas e ideas de esta época fueron desarrolladas en los siglos siguientes por pensadores y artistas europeos.

La Era de las Exploraciones
(siglos XV-XVII de nuestra era)

La Era de las Exploraciones, también conocida como la era de los descubrimientos, fue un periodo de grandes aventuras, peligros y descubrimientos. **Famosos exploradores** se aventuraron en busca de nuevas tierras y rutas comerciales. A continuación, se explora el impacto de este periodo crucial a través de veinte datos interesantes.

371. **Durante esta época, exploradores de muchos países, principalmente de España, Portugal, Francia y Gran Bretaña,** navegaron alrededor del mundo para encontrar nuevas tierras y rutas comerciales.

372. **Muchos países europeos compitieron entre sí para explorar nuevas tierras,** lo que provocó rivalidades entre las naciones por los derechos comerciales y los recursos.

373. **Cristóbal Colón fue uno de los exploradores más famosos de este periodo.** Cruzó el Océano Atlántico en 1492 para intentar llegar a la India, pero acabó descubriendo las Américas.

374. **Cristóbal Colón realizó cuatro viajes de Europa a América.** En sus viajes descubrió muchas islas, como Cuba y La Española, y exploró América Central y del Sur.

375. **Fernando de Magallanes fue otro explorador famoso.** Dirigió un viaje alrededor del mundo durante tres años, a partir de 1519. Mucha gente le sigue atribuyendo el mérito de ser el primero en circunnavegar el globo, aunque murió antes de terminar el viaje.

376. Al explorar mares extranjeros y tierras lejanas, **los europeos encontraron nuevas fuentes de riqueza como especias, oro, plata y pieles**. Incluso esclavizaron a pueblos de África y América.

377. **Durante la exploración, se propagaron muchas enfermedades**. Los europeos habían desarrollado inmunidad a ciertas enfermedades, mientras que los nativos nunca las habían padecido. Murieron millones de personas.

378. **Los exploradores utilizaron nuevas tecnologías** que les permitían viajar más lejos que antes, mejores **barcos** con velas, y herramientas de navegación avanzadas, como la **brújula, para orientarse.**

379. **Hernán Cortés fue un conquistador español que conquistó la mayor parte de México** entre 1519 y 1521. Es famoso por haber provocado el fin de la civilización azteca.

380. En 1588, **la armada española fue enviada a invadir Inglaterra, pero fracasó estrepitosamente** debido al mal tiempo y a la superioridad táctica de la armada inglesa. Esto marcó un importante **cambio de poder entre España e Inglaterra**. La colonización británica también comenzó a despegar a partir de este momento.

381. En 1497, **el explorador portugués Vasco de Gama realizó un viaje alrededor del Cabo de Buena Esperanza**, estableciendo contacto directo con la India.

382. **El viaje de Vasco da Gama ayudó a Portugal a establecer estrechos lazos comerciales con el subcontinente indio**. Estos lazos duraron siglos y dieron lugar a un periodo de dominio económico portugués en el comercio de productos orientales.

383. **Juan Ponce de León fue un explorador español que navegó hasta la Florida en busca de oro.** En su lugar, encontró algo aún mejor: manantiales de agua dulce a los que algunas personas atribuían propiedades curativas.

384. **Jacques Cartier fue un explorador francés que organizó tres viajes a Canadá**, entre 1534 y 1542. Sus exploraciones dieron como resultado el establecimiento de Francia en Canadá.

385. **El Nuevo Mundo recibió su nombre del explorador italiano Américo Vespucio**, que navegó a lo largo de la costa este de Sudamérica en 1499.

386. **El navegante holandés Willem Barentsz dirigió tres viajes al Ártico** entre 1594 y 1597, cartografiando gran parte del norte de Rusia y Noruega.

387. **Henry Hudson fue un explorador inglés** que buscó una forma más fácil de llegar de Europa a Asia. Descubrió lo que hoy se conoce como la bahía de Hudson, en 1610.

388. **El explorador inglés Francis Drake se hizo famoso tras circunnavegar el globo** entre 1577 y 1580. Zarpó desde Inglaterra y siguió en gran parte la ruta de Magallanes.

389. **Bernardino de Sahagún escribió uno de los primeros relatos sobre los nativos americanos.** Fue enviado a México **por el rey Carlos V** en 1529 y pasó muchos años estudiando a los **aztecas**. Sus estudios están plasmados en **el *Códice Florentino*.**

390. **La Era de las Exploraciones fue una época de grandes peligros,** pero también abrió nuevas oportunidades para el comercio y el intercambio cultural entre Europa y el resto del mundo.

La Reforma
(1517)

La Reforma fue un periodo de grandes transformaciones religiosas y sociales. Este capítulo profundiza en la historia, las figuras, los cambios sociales y los efectos de esta época a través de veinte datos fascinantes.

391. **La Reforma fue un movimiento religioso, político y social que comenzó en Europa** durante el siglo XVI.

392. **La Reforma desafió la autoridad de la Iglesia católica** y cuestionó las creencias tradicionales sobre la religión y la moral.

393. **Se atribuye a Martín Lutero el inicio de la Reforma.** Supuestamente clavó sus *Noventa y Cinco Tesis* en la puerta de una iglesia en Alemania en 1517.

394. **La gente quería reformar** (o cambiar) **algunas prácticas del cristianismo,** como la venta de indulgencias o el poder de los sacerdotes en lugar de Dios. Muchos veían estas prácticas como injustas o erróneas.

395. **Debido a desacuerdos religiosos, se quemaron libros,** se destruyeron casas, se persiguieron ideas y se perdieron vidas.

396. **La Reforma protestante dio origen a nuevas formas de culto como el luteranismo** y el calvinismo en Alemania, Escandinavia, Suiza y Francia.

397. En Inglaterra, Enrique VIII se separó de la Iglesia católica y formó su propia Iglesia anglicana en 1534.

398. **La Contrarreforma fue una respuesta a la Reforma protestante,** ya que los católicos querían preservar sus creencias y prácticas tradicionales al tiempo que introducían cambios cuando era necesario.

399. **Una de las principales figuras de la Contrarreforma fue Ignacio de Loyola.** Fundó **la Compañía de Jesús** (jesuitas), que buscaba reformar el catolicismo a través de la educación y el trabajo misionero.

400. **Varios documentos religiosos ayudaron a orientar a católicos y protestantes**, como el Concilio de Trento, la Dieta de Augsburgo y la Confesión de Westminster, entre otros.

401. **La República holandesa se convirtió en uno de los países más tolerantes durante este periodo,** permitiendo la libertad de practicar cualquier religión sin persecuciones contra nadie.

402. **En Suiza, Calvino se convirtió en el líder de la Reforma en la ciudad de Ginebra.** El calvinismo se convirtió en una de las confesiones protestantes más populares.

403. **Martín Lutero tradujo la** *Biblia* **al alemán** para que la gente pudiera leerla más fácilmente. De este modo, Lutero contribuyó a aumentar significativamente los índices de alfabetización en Alemania.

404. **La Reforma tuvo un gran impacto en la política,** dando lugar a la creación de nuevas iglesias basadas en ideas y creencias diferentes, como **la Iglesia anglicana en Inglaterra**.

405. **La guerra de los Treinta Años fue uno de los resultados indirectos de la Reforma protestante.** Casi todos los grandes estados europeos lucharon en esta guerra en complejas alianzas, y se calcula que el número de víctimas fue de entre 4,5 y 8 millones de personas.

406. **La Paz de Westfalia puso fin a la guerra de los Treinta Años,** estableciendo que los estados del Sacro Imperio romano germánico podían decidir qué religión querían practicar sin interferencia de otros.

407. **Una de las figuras más significativas durante este periodo fue el rey Jaime I,** que autorizó **la** *Biblia* **del rey Jaime para los angloparlantes,** en 1611.

408. Otros líderes de **la Reforma incluyen al suizo Huldrych Zwingli,** cuyas enseñanzas en la ciudad de Zúrich tuvieron un papel importante en la Reforma suiza, así como en el desarrollo del nacionalismo suizo.

409. Al conseguir que la religión fuera más accesible a personas de todos los estratos sociales, **la Reforma ayudó a promover los ideales democráticos a los que hoy se adhieren las naciones europeas.** Esto fue cada vez más generalizado a finales del siglo XVIII.

410. **Todos estos cambios tuvieron un gran efecto en el arte y la literatura de la época,** desde la composición de **himnos protestantes** hasta pinturas que representaban temas de la Reforma, como *El regreso del hijo pródigo*.

La Revolución Científica
(siglos XVI-XVIII d. C.)

Este capítulo se adentra en la apasionante historia de **la Revolución Científica**. Se exploran veinte **hechos** increíbles **sobre los científicos y los descubrimientos** que hicieron durante esta época revolucionaria.

411. **La Revolución Científica fue un periodo en el que se empezó a utilizar la ciencia y las matemáticas** para aprender más sobre el mundo.

412. **El astrónomo Nicolás Copérnico desarrolló una teoría que demostraba que la Tierra no era el centro del universo**. En su lugar, era uno de los muchos planetas que orbitaban alrededor del Sol.

413. **Galileo Galilei ayudó a demostrar la teoría de Copérnico** utilizando su telescopio para observar el sistema solar desde la Tierra.

414. **El astrónomo Johannes Kepler descubrió las leyes del movimiento planetario** que explicaban cómo los planetas se movían por el espacio de forma ordenada.

415. **El genio de las matemáticas René Descartes creó la geometría cartesiana**, un lenguaje matemático para describir formas sobre el papel.

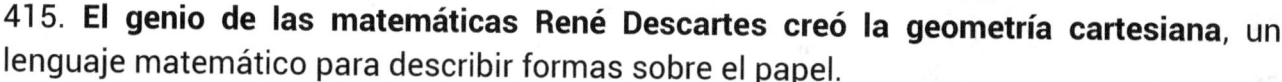

416. **El científico inglés Robert Hooke utilizó un microscopio para descubrir la célula**, que es la unidad básica de la vida.

417. **El fabricante de gafas holandés Antonie van Leeuwenhoek construyó potentes microscopios** y pasó a ser conocido como el **«padre de la microbiología»** tras observar por primera vez organismos diminutos como bacterias y protozoos.

418. **El físico Isaac Newton desarrolló sus teorías sobre la gravedad y el movimiento,** que explican cómo se desplazan los objetos por el espacio.

419. **El científico John Ray estudió plantas, animales, insectos y aves** y fue uno de los primeros científicos en reconocer que todas las especies tienen características únicas que las hacen diferentes de otras especies.

420. **Francis Bacon escribió sobre nuevas formas de pensar la naturaleza utilizando el razonamiento inductivo**, un método en el que se sacan conclusiones basadas en observaciones en lugar de basarse únicamente en hechos históricos o creencias tradicionales.

421. **El astrónomo británico Edmond Halley predijo cuándo volvería un cometa.** Su predicción se cumplió más tarde y el cometa pasó a conocerse como el cometa Halley.

422. **El físico Daniel Fahrenheit desarrolló una nueva escala de temperatura** que todavía se utiliza hoy en día.

423. En 1735, **el botánico sueco Carl Linnaeus creó un sistema para nombrar plantas** y animales. Este sistema se llama taxonomía y se sigue utilizando hoy en día.

424. **El geólogo británico James Hutton estudió rocas y fósiles para descubrir cómo se formó la Tierra.** Su trabajo lo llevó a desarrollar la teoría según la cual los procesos geológicos ocurren lentamente a lo largo del tiempo y no rápidamente por causa de acontecimientos catastróficos como inundaciones o explosiones volcánicas.

425. **El químico Joseph Priestly descubrió el oxígeno**, un elemento esencial para la vida que constituye alrededor del 21 % de la atmósfera de la Tierra.

426. **El matemático francés Pierre-Simon Laplace publicó su famosa obra en cinco volúmenes,** *Mecánica celeste*, que describe cómo las estrellas interactúan entre sí mediante la gravedad.

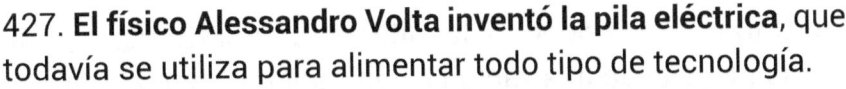

427. **El físico Alessandro Volta inventó la pila eléctrica**, que todavía se utiliza para alimentar todo tipo de tecnología.

428. **El ingeniero británico James Watt desarrolló nuevas formas de utilizar las máquinas de vapor** y revolucionó la manera de viajar y trabajar.

429. **El químico John Dalton descubrió los átomos**, diminutas partículas que lo forman todo en nuestro universo, desde las rocas hasta las plantas y los animales, lo que lo llevó a desarrollar una teoría sobre la **estructura atómica** que explica cómo interactúan los elementos entre sí.

430. **El médico inglés Edward Jenner creó una vacuna contra la viruela** que salvó millones de vidas al ayudar a prevenir brotes de esta enfermedad mortal.

La Edad de la Razón y la Ilustración
(siglos XVII-XVIII d. C.)

Explore el periodo de **la Ilustración**. En este capítulo se repasan veinte **hechos interesantes que muestran cómo esta época marcó un cambio de la superstición al pensamiento racional** sobre la política, la sociedad y la ciencia.

431. **En esta época se empezaron a ampliar los horizontes de la ciencia, tecnología, filosofía y arte.**

432. **Se cuestionaron las creencias tradicionales** y se impulsó una mayor libertad en la sociedad, incluida la tolerancia religiosa y los derechos individuales, como el derecho al voto de todos los ciudadanos.

433. Entre los personajes famosos que lideraron este movimiento se encuentran **Isaac Newton** (científico), **John Locke** (filósofo), **Montesquieu** (filósofo político), **Voltaire** (escritor), **Beethoven** (compositor) y **Mozart** (compositor).

434. **La Ilustración también se llamó la Edad de la Razón** porque se intentaba usar la razón en lugar de la tradición o la religión a la hora de tomar decisiones sobre cómo vivir la vida o gobernar los países.

435. Durante este período, **los libros se imprimieron con tipos móviles,** lo que permitió que las ideas de la Ilustración se difundieran rápidamente.

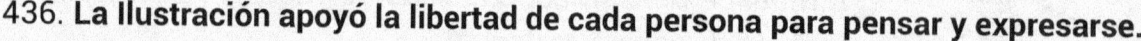

436. **La Ilustración apoyó la libertad de cada persona para pensar y expresarse.**

437. **En este periodo creció el capitalismo** (sistema económico basado en la compraventa de bienes) y el **colonialismo** (apropiación de territorios por parte de otros países).

438. **El filósofo y economista escocés Adam Smith escribió su influyente obra** *La riqueza de las naciones,* en la que trató la economía como una disciplina académica y allanó el camino para la teoría del libre mercado. Debido a esto, a menudo se hace referencia a Smith como el «padre de la economía».

439. El desarrollo intelectual en la política y la filosofía condujeron al **surgimiento de movimientos que se oponían al gobierno absoluto de las monarquías.**

440. Aunque algunos pensadores de la Ilustración creían en la abolición gradual y eventual de la esclavitud, **como Jefferson y Adam Smith, la Ilustración también permitió una nueva forma de concebir la esclavitud**, como la dominación justificada sobre razas inferiores.

441. **Las mujeres tenían más oportunidades que antes**, pero seguían limitadas a funciones domésticas como el cuidado del hogar y la familia.

442. **La gente empezó a viajar más por Europa**, por lo que las ideas se difundieron rápidamente entre los distintos países.

443. El arte floreció y muchos pintores famosos crearon obras que reflejan pensamientos de esta época, como **la obra maestra *La lechera*, del pintor holandés Johannes Vermeer** en 1658.

444. La música no solo servía para entretener, sino que también expresaba creencias políticas. **Ludwig van Beethoven escribió su Sinfonía n° 9** (una sinfonía coral) sobre la hermandad entre las naciones.

445. **Los filósofos utilizaron la razón para argumentar en contra de leyes o tradiciones** que consideraban erróneas, como las que apoyaban la esclavitud y las persecuciones religiosas.

446. **La Ilustración cuestionó muchos dogmas tradicionales**, lo que condujo al declive de la religión, en particular de la Iglesia católica.

447. **En esta época se creía que el conocimiento debía ser compartido** y no mantenido en secreto por unas pocas personas en el poder.

448. **Los filósofos discrepaban en muchas cuestiones**, pero todos querían hacer la vida más agradable para todos.

449. **La Ilustración condujo al inicio de la Revolución Industrial** (1760-1840), en la que las nuevas tecnologías cambiaron la forma de fabricar y distribuir los bienes.

450. **Este periodo también influyó mucho en el inicio de la Revolución estadounidense** (1775-1783), cuando los colonos declararon su independencia del dominio británico y formaron un nuevo país.

La Revolución estadounidense
(1775-1783)

Desde la *Declaración de Independencia* hasta la adopción de **la Constitución de Estados Unidos**, este capítulo explora veinte hechos fascinantes **sobre la Revolución estadounidense**. Se presentan detalles importantes como quién dirigió el ejército colonial, las famosas batallas libradas durante esta época y el papel que desempeñaron los países extranjeros para asegurar la libertad de los estadounidenses.

451. **La Revolución estadounidense** fue un período de agitación política y social en **Estados Unidos** que comenzó en 1775.

452. **La guerra se libró entre el ejército británico y los colonos que vivían en América** y querían independizarse de Gran Bretaña.

453. **George Washington fue el líder del ejército colonial durante la Revolución estadounidense** y más tarde se convirtió en el primer presidente de Estados Unidos.

454. **Thomas Jefferson fue uno de los autores de un importante documento llamado la** *Declaración de Independencia*, que declaraba que todas las personas son iguales y tienen ciertos derechos como la vida, la libertad y la búsqueda de la felicidad.

455. Durante este periodo tuvieron lugar muchas batallas famosas, como **Bunker Hill** (1775), **Trenton** (1776), **Saratoga** (1777), **Cowpens** (1781) y **Yorktown** (1781).

456. **Los franceses, españoles y holandeses ayudaron a los colonos** proporcionándoles suministros durante la guerra.

457. **Durante la revolución se formó una red de espionaje que proporcionó información importante a ambos bandos.** Aunque **Paul Revere es más conocido por su famosa cabalgata** para advertir que se acercaban los británicos, también dirigió una red de espionaje.

458. **Las mujeres desempeñaron un papel importante en la Revolución estadounidense.** Trabajaban en las granjas mientras sus maridos estaban fuera luchando o cuidaban de los soldados heridos.

459. **Se calcula que unos cinco mil estadounidenses negros libres lucharon por la causa revolucionaria.** Este número es relativamente grande si se tiene en cuenta que cerca del 90 % de los 500.000 afroamericanos que vivían en las Trece Colonias durante la guerra eran esclavos.

460. En 1776, **el Segundo Congreso Continental decidió el nombre de «Colonias Unidas»,** que más tarde se transformó en **«Estados Unidos de América».**

461. **Tras ganar varias batallas clave contra Gran Bretaña, Estados Unidos obtuvo finalmente su independencia** con la firma del **Tratado de París** en 1783.

462. Se estima que **la guerra de la Revolución estadounidense** tuvo un número de bajas cercano a 60.000. Aunque esta cifra es pequeña comparada con otras guerras en la Europa de la época, sigue siendo relativamente alta teniendo en cuenta el número de militares de las Trece Colonias.

463. **Se cree que la bandera estadounidense ondeó por primera vez en Fort Schuyler,** pero fue adoptada oficialmente el 14 de junio de 1777, fecha que hoy se celebra como el Día de la Bandera.

464. **El marqués de Lafayette fue un militar francés que luchó en el Ejército Continental a las órdenes de George Washington** durante la guerra y ayudó a los estadounidenses a conseguir su independencia. Más tarde, a su regreso a Francia, participó en la Revolución francesa, lo que le valió un estatus único como héroe de ambas revoluciones.

465. **La Revolución estadounidense inspiró a otros países del mundo a luchar también por su libertad,** como Francia, cuya revolución comenzó pocos años después.

466. Después de que **Estados Unidos logró su independencia, adoptó la Constitución,** que determinaba cómo debía dividirse el poder entre las diferentes ramas del gobierno. En la actualidad, Estados Unidos sigue utilizando su constitución original.

467. **La guerra de la Revolución estadounidense creó nuevas oportunidades económicas** para muchas personas que vivían en Estados Unidos en esa época, como comerciantes y agricultores que empezaron a comerciar de nuevo con Europa tras independizarse de los impuestos de Gran Bretaña.

468. Con sus recursos agotados tras años de lucha y endeudado con naciones como Francia y España, **Estados Unidos se vio en una situación precaria. El conflicto con los británicos** estalló de nuevo en 1812.

469. **La Revolución estadounidense aportó nuevas ideas de gobierno,** que finalmente llevaron a la creación de un sistema democrático, permitiendo a los ciudadanos tener más derechos y libertades que nunca.

470. El resultado de **esta guerra fue extremadamente importante para la historia de Estados Unidos,** llevándolo a convertirse en una de las naciones más poderosas de la Tierra en la actualidad.

La Revolución Industrial
(1760-1840)

La Revolución Industrial fue una época de grandes cambios y avances tecnológicos que configuraron el mundo tal y como lo conocemos hoy. Este capítulo explora este periodo en profundidad, examinando veinte datos interesantes sobre las innovaciones, los efectos en la vida cotidiana y los legados duraderos que dejó.

471. **La Revolución Industrial fue una época en la que se comenzaron a utilizar máquinas** para hacer las cosas de manera más eficiente.

472. **La Revolución Industrial comenzó en Gran Bretaña,** pero pronto se extendió por todo el mundo.

473. **Durante este periodo se desarrollaron nuevas tecnologías, como las máquinas de vapor, los ferrocarriles y las fábricas**, que cambiaron la forma de fabricar y transportar mercancías.

474. Antes de **la Revolución Industrial,** la mayoría de los productos eran fabricados a mano por hábiles artesanos o que utilizaban herramientas manuales como martillos o cinceles para dar forma a los materiales y convertirlos en artículos valiosos para su venta en mercados o tiendas.

475. **La mejora de los métodos agrícolas permitió a los agricultores producir más alimentos** que nunca, lo que significó que las personas podían trasladarse de las zonas rurales a las ciudades, donde trabajaban en fábricas elaborando productos.

476. **Inventos como la máquina de vapor de James Watt impulsaron nuevas industrias** que crearon grandes riquezas para los propietarios de las fábricas a la vez que proporcionaban empleo a los trabajadores.

477. **El carbón proporcionó la energía necesaria** para hacer funcionar muchas de estas nuevas máquinas y fábricas.

478. **La invención de la hilandería permitió producir grandes cantidades** de hilo en menos tiempo que nunca.

479. **La desmotadora de algodón hizo posible que las máquinas separaran rápidamente las fibras de algodón** de sus semillas, aumentando la demanda de algodón en bruto, cuya producción era ahora más barata.

480. **Los trabajos en las fábricas eran a menudo peligrosos.** Los trabajadores tenían largas jornadas laborales sin vacaciones y con descansos mínimos concedidos por los empresarios.

481. Algunos propietarios de fábricas crearon espacios vitales llamados ciudades de empresa, donde **los trabajadores podían vivir cerca de los lugares donde trabajaban,** aunque sujetos a las normas establecidas por los empresarios.

482. **La mejora de las redes de transporte permitió transportar mercancías a distancias más largas de forma más barata y rápida.** La gente podía comprar más fácilmente productos de todo el mundo y no solo artículos locales.

483. **La invención del barco de vapor permitió transportar mercancías rápidamente a través de grandes masas de agua,** como los océanos o ríos

484. **Los avances tecnológicos durante este periodo** condujeron a desarrollos médicos, incluyendo vacunas para varias enfermedades.

485. **La industrialización provocó un gran crecimiento demográfico** debido a la mejora de las condiciones de vida y a la mayor disponibilidad de alimentos.

486. **La clase trabajadora empezó a formar sindicatos** para luchar contra las prácticas laborales injustas y mejorar los salarios.

487. **El trabajo infantil era una práctica común durante esta época** y **los niños solían empezar a trabajar** en las fábricas alrededor de los once años.

488. **La Revolución Industrial cambió drásticamente la vida cotidiana.** Hizo que los productos fueran más baratos, pero eso tuvo un costo: aire y agua contaminados, condiciones de trabajo insalubres y pobreza entre los trabajadores que no podían competir con las máquinas por los puestos de trabajo.

489. **La Revolución Industrial** allanó el camino para muchas de las comodidades de hoy en día, como los autos y la electricidad.

490. **La Revolución Industrial marcó el comienzo de una nueva era en la historia del mundo,** con una mayor dependencia de las máquinas y la tecnología que continúa hasta nuestros días.

La Revolución francesa y las guerras napoleónicas (1789-1815)

Este capítulo es un apasionante viaje a través de **la Revolución francesa y las guerras napoleónicas**, dos de los acontecimientos más cruciales de la **historia europea**. Se presentan veinte datos asombrosos sobre este periodo, que incluyen desde figuras icónicas como **Napoleón Bonaparte** hasta revoluciones que dieron forma al mundo tal y como lo conocemos hoy en día.

491. **La población en Francia quería más libertad y menos poder para el rey, que era Luis XVI.**

492. Durante este periodo, **los libros sobre política y filosofía se hicieron populares** entre los ciudadanos de Francia, difundiendo ideas sobre democracia y libertad.

493. El 14 de julio, **el pueblo asaltó una prisión llamada la Bastilla**, este es un día festivo en Francia llamado **Día de la Bastilla**.

494. **Tras el asalto a la Bastilla, se promulgaron muchas leyes** que otorgaban a las personas los mismos derechos ante la ley, independientemente de su clase social o nivel de riqueza.

495. En junio de 1791, l**a familia real intentó huir de Francia. El rey Luis XVI y la reina María Antonieta** fueron detenidos en la pequeña ciudad de Varennes y fueron arrestados por los revolucionarios.

496. **Los revolucionarios decidieron reorganizar Francia en una república y derrocaron la monarquía,** dando muerte al rey Luis XVI y a su esposa, María Antonieta.

497. Según la leyenda, **María Antonieta dijo una vez: «Que coman pastel»,** cuando se enteró de que su pueblo se moría de hambre por falta de pan. Sin embargo, se discute si alguna vez pronunció esas palabras. Es posible que se le atribuyeran debido a su impopularidad.

498. Tras la etapa inicial de **la Revolución francesa**, de septiembre de 1793 a julio de 1794, Francia vivió un periodo conocido como **el Reinado del Terror,** durante el cual miles de miles de personas sospechosas de estar en contra de la revolución fueron detenidas y ejecutadas por **el Comité de Seguridad Pública.**

499. **La guillotina fue muy utilizada durante la Revolución francesa** para decapitar rápidamente a las personas de forma menos cruel que otros castigos de la época, aunque desde entonces se ha prohibido su uso debido a su crueldad.

500. **El himno nacional de Francia fue escrito durante la Revolución francesa** y se llama *La Marsellesa*. Todavía se canta en la actualidad.

501. **La Revolución francesa ayudó a dar lugar a otras revoluciones en todo el mundo,** como las revoluciones en América Latina.

502. **El primer emperador de Francia fue Napoleón Bonaparte,** que subió al poder tras derrocar al gobierno francés.

503. **Napoleón cambió muchas cosas** en el aspecto político, económico y social **de Europa.**

504. **Napoleón hizo guerras contra otras naciones europeas** y sus conquistas lo llevaron hasta Rusia.

505. **Quería asegurarse de que Francia reinara con supremacía,** por lo que luchó contra países europeos como Gran Bretaña, España, Austria, Rusia y Prusia para demostrar su poderío. **Napoleón tuvo a menudo mucho éxito en las batallas que libró.**

506. En 1815, **muchos países europeos se aliaron para derrotar a Napoleón,** poniendo fin al periodo de la Revolución francesa y las guerras napoleónicas.

507. **Napoleón fue finalmente derrotado tras perder la batalla de Waterloo en 1815.**

508. Incluso después de **la derrota de Napoleón, Francia no se convirtió en una república democrática.** En su lugar, la familia gobernante de los Borbones fue reinstituida por los aliados vencedores.

509. **Muchos artistas famosos como Jacques-Louis David** estuvieron activos durante este periodo y pintaron retratos de figuras importantes como **Napoleón Bonaparte.**

510. **Las guerras napoleónicas cambiaron Europa drásticamente al desplazar las fronteras,** establecer nuevos países y crear diferentes tipos de gobiernos en toda Europa.

Las guerras de independencia hispanoamericanas (1809-1825)

Las guerras de independencia hispanoamericanas sucedieron en una época tumultuosa en la historia de América Latina. A lo largo de casi dos décadas, los pueblos lucharon por su derecho a liberarse del dominio español y crear **naciones independientes.** Este capítulo explora veinte **datos** interesantes **sobre este periodo crucial,** incluyendo sus figuras clave, las batallas que tuvieron lugar y el legado duradero que dejaron estas guerras en la economía y la cultura de **América Latina.**

511. **Las guerras de independencia hispanoamericanas se libraron entre España y las colonias** que tenía en América, como **México y Perú.**

512. **Muchas colonias querían independizarse del dominio español** debido a la opresión social estructural.

513. **Un líder importante de estas guerras fue Simón Bolívar, un líder militar y político venezolano** que dirigió muchas batallas contra las fuerzas españolas en Sudamérica.

514. **En México, Miguel Hidalgo y Costilla inició la lucha por la independencia** emitiendo el grito de Dolores el 16 de septiembre de 1810.

515. **A las personas que luchaban por su libertad se les llamaba patriotas o insurgentes.** Algunos de los más patriotas fueron José de San Martín, Bernardo O'Higgins y Agustín Iturbide.

516. **Un punto de inflexión importante en la guerra de Independencia peruana** se produjo cuando un ejército dirigido por el **general Antonio José de Sucre** derrotó a una fuerza española mucho mayor en la **batalla de Ayacucho, en 1824.** Esto puso fin a la dominación española en Sudamérica y estableció a la **Gran Colombia y Perú como naciones independientes.**

517. **El país de Bolivia lleva el nombre de Simón Bolívar,** que también participó en la liberación de Colombia, Venezuela, Panamá, Ecuador y Perú.

518. **Estas guerras de independencia se inspiraron en gran medida en la Revolución estadounidense, la Revolución francesa y la Revolución haitiana.**

519. **Estas guerras por la independencia ayudaron a difundir ideas** como la libertad, la autodeterminación y el nacionalismo por toda América Latina.

520. **Algunas de las primeras naciones independientes que surgieron a partir de estas guerras fueron Venezuela y Paraguay,** en 1811.

521. **Se libraron muchas batallas entre independentistas y fuerzas leales** que querían mantener sus colonias bajo control español. Algunas batallas famosas son **La Paz** (1812), **Ayacucho** (1824) y **Carabobo** (1821).

522. **Las guerras tuvieron un enorme impacto en la economía y la cultura de América Latina,** con muchas ciudades destruidas e industrias perturbadas por los combates.

523. **Estas guerras también supusieron una oportunidad para que Gran Bretaña, Francia y Estados Unidos** se involucraran y ganaran influencia sobre estos nuevos países.

524. **España perdió todas sus colonias tras la guerra hispano-estadounidense** de 1898, tras lo cual Estados Unidos se hizo con el control de Puerto Rico y Filipinas.

525. **Durante la guerra se produjeron avances en las tácticas militares**, como la guerra de guerrillas, en la que pequeños grupos atacaban por sorpresa a ejércitos más grandes.

526. **Los héroes que lucharon durante estas guerras siguen siendo celebrados hoy en día**. En toda América Latina se han construido estatuas en su honor. Sus historias son parte integral de la **cultura latinoamericana** y siguen siendo fuente de orgullo e inspiración para muchos ciudadanos.

527. **El legado de estas batallas** también es importante, ya que allanaron el camino para la democracia y los sistemas de gobierno modernos en toda **América Latina.**

528. **Las guerras también inspiraron a otros países a luchar** por su independencia, como Grecia y Serbia.

529. **Las costumbres, tradiciones y culturas** de las naciones recién liberadas de América Latina son similares entre sí, debido a siglos de dominación **colonial española** que resultaron en la asimilación de muchas costumbres por parte de los pueblos de estas naciones.

530. **Se formaron nuevos países** a partir de territorios que anteriormente habían formado parte de las colonias españolas. Entre estos países se encuentran **Bolivia, Uruguay, Colombia, Ecuador y Chile.**

La unificación de Italia
(1859-1871)

Descubra **la fascinante historia de la unificación de Italia**. En este capítulo, se exploran quince hechos sobre el proceso de unificación y las personas que lo lideraron.

531. **La unificación de Italia** tuvo lugar entre 1859 y 1871, cuando diferentes regiones se unieron para formar una sola nación.

532. **La unificación de Italia fue liderada por un hombre llamado Giuseppe Garibaldi,** que llegó a ser conocido como el «héroe de los dos mundos».

533. Cuando **Giuseppe Garibaldi se convirtió en héroe nacional italiano**, ya había adquirido mucha experiencia participando en revoluciones en América Latina, de ahí su apodo.

534. Antes de la unificación de Italia, **la nación estaba dividida en muchos estados más pequeños** influidos por potencias extranjeras como **Austria o Francia.**

535. Tras años de luchas y batallas, el 17 de marzo de 1861, la mayor parte de **la península itálica se unió** en un solo reino: **el reino de Italia.**

536. **El rey Víctor Manuel II se convirtió en el primer monarca,** con Turín como capital.

537. **Durante este periodo, hubo dos fuerzas políticas principales**: las que estaban a favor de la unificación (lideradas por Cavour, primer ministro del **reino de Cerdeña-Piamonte) y las que se oponían a ella (dirigida por el papa Pío IX).**

538. **Una de las figuras más importantes en la unificación de Italia fue Giuseppe Mazzini,** que fundó la Joven Italia, una organización destinada a unir al pueblo a través de la educación y la cultura.

539. La guerra por la unificación incluyó varias **batallas**, como la **de Solferino** en 1859, que ayudó a asegurar la independencia italiana del dominio austriaco; la **batalla de Volturno** en 1860, que puso fin al reinado borbónico sobre varias partes de Italia; y la **batalla de Mentana** en 1867, que aplastó la última **resistencia contra la unificación**.

540. **En 1870, Roma fue declarada parte de la nación italiana después de que las tropas francesas la abandonaran** tras un plebiscito (una votación).

541. **La unificación de Italia tuvo un impacto en la cultura** al traer nuevas ideas de diferentes regiones, creando una identidad nacional única.

542. **La lengua italiana se comenzó a hablar mucho más en este periodo,** con muchas palabras prestadas de países vecinos como Francia o Alemania.

543. **Se crearon varias leyes para fusionar todos estos estados menores en una nación mayor,** permitiendo el comercio entre zonas y fomentando la libertad de expresión.

544. **Italia se convirtió en una monarquía constitucional con parlamento** y sufragio limitado, una figura bastante avanzada para su época. **La monarquía** fue abolida posteriormente por los fascistas en el siglo XX.

545. **La unificación de Italia fue un gran logro** y marcó el inicio de la Italia moderna tal y como la conocemos hoy.

La guerra civil estadounidense
(1861-1865)

Conozca **los acontecimientos que condujeron al estallido de la guerra civil estadounidense**, que cambió para siempre el panorama político de la nación. **Estos veinte datos describen las principales batallas y figuras** implicadas en este conflicto.

546. **La guerra civil estadounidense fue la más mortífera de la historia de Estados Unidos,** con más de 600.000 soldados muertos durante el conflicto.

547. **La guerra se libró principalmente entre dos bandos: la Unión** (también conocida como el Norte) **y la Confederación** (o el Sur).

548. **Abraham Lincoln fue presidente de los Estados Unidos** (la Unión) durante la mayor parte de la guerra. El **presidente Jefferson Davis** dirigió las fuerzas confederadas desde Richmond, Virginia.

549. **La causa principal de este sangriento conflicto fue la esclavitud**, específicamente si se debía permitir o no que continuara en los nuevos territorios de Estados Unidos que se estaban formando en ese momento (como Kansas).

550. **La primera gran batalla tuvo lugar cerca de Manassas Junction, Virginia**, el 21 de julio de 1861. **La batalla terminó con una victoria confederada.** Los norteños suelen referirse a este conflicto como **la batalla de First Bull Run** y **los sureños como First Manassas.**

551. Dos de los generales más famosos de la historia de Estados Unidos, **Ulysses S. Grant y Robert E. Lee**, fueron oficiales durante la guerra y lucharon en bandos opuestos.

552. **El ejército de la Unión era mayor que el ejército confederado** en una proporción de dos a uno, pero también tenía menos moral y menos suministros.

553. A lo largo de la guerra se produjeron varios puntos de inflexión que condujeron finalmente a una **victoria** general de las **fuerzas de la Unión**. Entre ellos, **la batalla de Gettysburg** (julio de 1863) y **la campaña de Vicksburg** (julio de 1863).

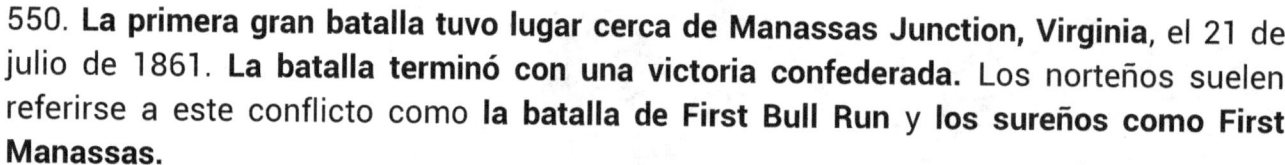

554. La Confederación utilizó tácticas de guerrilla para intentar superar sus desventajas militares frente a sus oponentes mejor equipados.

555. El bloqueo naval impuesto por la armada de la Unión fue un factor importante para limitar los suministros a las fuerzas confederadas y cortar su capacidad de exportar bienes y obtener ingresos.

556. Los afroamericanos, tanto libres como esclavos, desempeñaron un papel importante en la victoria de la Unión en la guerra. Proporcionaron inteligencia y apoyo logístico e incluso se alistaron como soldados.

557. La *Proclamación de la Emancipación*, emitida por el presidente Lincoln el 1 de enero de 1863, declaró la libertad de los esclavos que vivían en todas las zonas bajo control confederado.

558. Las mujeres hicieron valiosas contribuciones durante la guerra civil. Algunas sirvieron como enfermeras en los hospitales del ejército, mientras que otras se disfrazaron para poder luchar junto a los hombres.

559. La guerra civil estadounidense fue testigo de algunos de los primeros usos de la guerra industrializada en tierra, incluyendo la producción masiva de armas como rifles y cañones.

560. En abril de 1865, el **general Robert E. Lee rindió su Ejército de Virginia del Norte en Appomattox Court House, Virginia**, poniendo fin a todas las hostilidades terrestres entre ambos bandos.

561. El 6 de diciembre de 1865, tras años de amargo conflicto, **la esclavitud fue oficialmente abolida** con la ratificación de **la Decimotercera Enmienda** a la Constitución de Estados Unidos.

562. **A veces se hace referencia a la guerra de Secesión como la segunda Revolución estadounidense** debido a su profundo impacto en la sociedad y la política de Estados Unidos.

563. Muchos estadounidenses famosos lucharon o sirvieron durante la guerra civil, entre ellos el **presidente Rutherford B. Hayes, el general William Tecumseh Sherman** y el escritor **Mark Twain.**

564. En este conflicto se utilizaron por primera vez globos aerostáticos con fines de reconocimiento militar.

565. Tras la guerra, comenzó un periodo conocido como la **Reconstrucción**. Su objetivo era **reunificar** económica y políticamente **el norte y el sur**.

La unificación de Alemania
(1866-1871)

Este capítulo explora **la increíble historia de la unificación alemana.** Se presentan veinte hechos interesantes sobre cómo Prusia unificó los estados de habla alemana.

566. **En 1871, Prusia lideró la unificación de la mayoría de los estados de habla alemana, creando el Imperio alemán.**

567. **El líder de Prusia en ese momento era Otto von Bismarck,** también conocido como el Canciller de hierro, porque tenía una fuerte voluntad y ambición de unificar al **pueblo alemán.**

568. Antes de la unificación, en 1871, Alemania estaba formada por **varios estados más pequeños.** Aunque eran políticamente independientes entre sí, **todos se consideraban alemanes** debido a las similitudes de sus culturas y sociedades.

569. **Antes del inicio de las campañas militares para unificar Alemania,** Prusia condujo a los estados alemanes más pequeños a una unión aduanera conocida como Zollverein, que integraba a muchos estados alemanes en una zona económica.

570. Una de las batallas más importantes de la unificación alemana fue **la batalla de Koniggratz,** que terminó con una decisiva **victoria prusiana sobre Austria** en 1866 y condujo a la anexión de la **Confederación del Norte de Alemania** por parte de Prusia.

571. **La nueva nación alemana adoptó el *reichstag*** (parlamento) como órgano legislativo. Todavía existe.

572. En 1888, **Guillermo II se convirtió en káiser** (emperador) **del Imperio alemán.** Gobernó durante la Primera Guerra Mundial, pero se vio obligado a abdicar cuando Alemania perdió la guerra.

573. Como parte del proceso de unificación, **Alemania estableció una nueva moneda unificada, el marco** (posteriormente sustituido por el euro).

574. **La unificación de Alemania la convirtió en uno de los países más poderosos de Europa en aquella época** y sentó las bases de su futuro éxito económico.

575. **El desarrollo industrial durante este periodo fue inmenso**, ya que se desarrolló rápidamente el carbón, el acero y otras industrias pesadas para satisfacer las crecientes necesidades de la población. **Estos avances fueron esenciales para la Primera Guerra Mundial**, que tuvo lugar unos cuarenta años después de la creación del Imperio alemán.

576. En 1887, **Otto von Bismarck logró un acuerdo con Rusia para aislar a Francia**. Este acuerdo se conoció como el Tratado de Reaseguro.

577. **La cultura alemana floreció durante esta época**, con grandes logros en arte, literatura y música.

578. **La unificación de Alemania trajo consigo muchos cambios en el sistema educativo**. Se hizo obligatoria la escolarización de los niños entre seis y catorce años y se abrieron universidades para fomentar la formación continua.

579. **Los alemanes adoptaron nuevas tecnologías durante este periodo, como el ferrocarril**, que permitía transportar mercancías, personas e información con rapidez por todo el imperio.

580. **Berlín se convirtió en la capital de Alemania** y rápidamente se convirtió en la ciudad más poblada y grande del país.

581. **En este periodo se produjo un aumento del nacionalismo entre los alemanes**, ya que muchos creían que su cultura y su lengua debían tener prioridad sobre otros países europeos.

582. **El ejército prusiano fue el núcleo de la fuerza militar de la Alemania unida.** Consiguió derrotar a las fuerzas francesas y a las austriacas, dos imperios que parecían mucho más poderosos que el recién creado estado alemán.

583. **La unificación de Alemania también ayudó a fomentar la lengua alemana,** que se hablaba en todo el imperio.

584. **La unificación de Alemania causó un gran revuelo en los países vecinos** que habían estado en guerra con algunos estados alemanes en el pasado.

585. **El éxito de la unificación de Alemania y la creación de un poderoso imperio sirvió de ejemplo a otras naciones europeas**, especialmente en lo que se refiere a los méritos militares y económicos de los alemanes durante este periodo.

Primera Guerra Mundial
(1914-1918)

Explore los tumultuosos y trascendentales **acontecimientos de la Primera Guerra Mundial, un conflicto devastador que se cobró millones de vidas**. A continuación, se presentan veinte datos interesantes sobre esta **guerra mundial** partiendo de sus causas, sus **principales batallas, las nuevas tecnologías** que se usaron y las potencias que participaron.

586. **La Primera Guerra Mundial se libró entre dos bandos: los Aliados** (Francia, Rusia, Italia, Gran Bretaña, Japón y, más tarde, Estados Unidos) y **las Potencias Centrales** (Alemania, Austria-Hungría y el Imperio otomano).

587. **Además, de las grandes potencias, los Aliados y las Potencias Centrales tenían a otras naciones más pequeñas de su lado. Algunas de las se pusieron del lado de los Aliados fueron Serbia y Grecia. Bulgaria, en cambio, ayudó a las Potencias Centrales.**

588. **El asesinato del archiduque Francisco Fernando de Austria-Hungría fue la chispa que encendió la guerra**, aunque las tensiones habían ido en aumento en Europa desde hacía bastante tiempo, especialmente en las naciones balcánicas.

589. **Las batallas más famosas de la Primera Guerra Mundial fueron Gallipoli, Verdún, Isonzo, Tannenberg y el Somme**, todas ellas con millones de bajas en ambos bandos.

590. La Primera Guerra Mundial fue el primer gran conflicto en el que se utilizaron tanques, aviones, armas químicas y ametralladoras.

591. **Nuevas tecnologías como los submarinos y los zepelines** (dirigibles) fueron utilizadas por primera vez durante la Primera Guerra Mundial por parte de Alemania.

592. **Las mujeres desempeñaron un papel importante en la Primera Guerra Mundial.** Trabajaron en las fábricas de municiones y otros artículos esenciales para los soldados en guerra.

593. **Una vez que los hombres volvieron a casa, la mayoría de las mujeres fueron despedidas de sus trabajos.** Sin embargo, habían demostrado que podían desempeñar un trabajo y cuidar de sus hijos, sentando las bases para ser más activas en la fuerza laboral.

594. El Barón Rojo, cuyo verdadero nombre era Manfred von Richthofen, fue uno de los pilotos de caza alemanes más famosos que volaron durante la guerra. Se le atribuyó el derribo de ochenta aviones enemigos durante su carrera.

595. Las fuerzas australianas y neozelandesas se unieron para formar el ANZAC, que luchó en Gallipoli.

596. Los primeros tanques fueron introducidos por Gran Bretaña en 1916 y ayudaron a cambiar el desarrollo de las batallas terrestres contra las fuerzas alemanas.

597. Todos los bandos sufrieron enormes pérdidas. **Las estimaciones varían, pero murieron entre quince y veintidós millones de militares y civiles.** Muchos más quedaron heridos.

598. Las nuevas tácticas, incluida la guerra de trincheras, obligaron a pasar largos periodos bajo tierra para protegerse, lo que causó daños psicológicos en los soldados que persistieron cuando estos regresaron a casa.

599. El gas venenoso se utilizó ampliamente durante la Primera Guerra Mundial, estimándose que unas 100.000 personas murieron a causa de esta arma.

600. Estados Unidos decidió unirse a la guerra del lado de los Aliados tras el infame incidente del Telegrama Zimmermann. El secretario de Asuntos Exteriores alemán Arthur Zimmermann envió en secreto un telegrama a México, invitando al país a atacar a Estados Unidos, neutral hasta entonces, que apoyaba económicamente a Gran Bretaña.

601. En 1917, tras **infructuosas campañas militares y una revolución interna, Rusia negoció una retirada de la guerra con Alemania.** Esta decisión fue tomada por el nuevo gobierno bolchevique de Rusia, que firmó el Tratado de Brest-Litovsk en marzo de 1918, cediendo el control de muchos de los territorios occidentales de Rusia.

602. El presidente estadounidense Woodrow Wilson propuso los Catorce Puntos, un plan que incluía la diplomacia abierta, la libertad de los mares y la eliminación de las barreras económicas entre las naciones como parte del esfuerzo por la paz y el final de la guerra.

603. La contienda terminó el 11 de noviembre de 1918, que se conoce ahora como **el Día del Armisticio o Día del Recuerdo** y se conmemora anualmente en todo el mundo.

604. El Tratado de Versalles puso fin oficialmente a la Primera Guerra Mundial el 28 de junio de 1919, cinco años después de su inicio. En **este documento se culpaba a Alemania de iniciar la guerra** y se imponían severas restricciones a la nación. El tratado desempeñó un papel importante en el inicio de la Segunda Guerra Mundial.

605. La Sociedad de Naciones se creó tras el final de la Primera Guerra Mundial para unir a los países y evitar futuras guerras. Estaba compuesta por un consejo de representantes de cada estado miembro y una secretaría.

La Revolución rusa
(1917-1923)

La Revolución rusa fue una compleja serie de acontecimientos que cambiaron el curso de la historia. Esta revolución, que impulsó el cambio **de una monarquía autocrática por un estado comunista**, tuvo un impacto profundo y duradero en la política, la cultura y la sociedad. A continuación, se presentan veinte hechos fascinantes para entender este acontecimiento.

606. **La Revolución rusa comenzó el 8 de marzo de 1917**, cuando cientos de miles de personas marcharon por las calles para protestar contra las políticas opresivas de su gobierno.

607. **Una serie de revoluciones en Rusia cambiaron el gobierno de una autocracia a un estado comunista llamado Unión Soviética.**

608. Un eslogan popular durante la revolución fue «**Paz, Tierra y Pan**», que eran las cosas más importantes para la clase obrera.

609. **El zar Nicolás II se vio obligado a abdicar de su trono** durante este levantamiento, poniendo fin a más de trescientos años de dominio de los Romanov sobre Rusia.

610. **El Partido Comunista Bolchevique**, tras derrocar al zar, se hizo con el poder en noviembre, iniciando una guerra civil que duró cinco años y que ganó.

611. **La familia real Romanov fue encarcelada y finalmente ejecutada por los bolcheviques** en julio de 1918, en la Casa Ipatiev de la ciudad de Ekaterimburgo. El asesinato de la familia real, incluido el **zar Nicolás II, su esposa Alexandra, sus cinco hijos** y otras cuatro personas del séquito real, fue inicialmente encubierto.

612. **El Partido Bolchevique se hizo con el control de la mayoría de los aspectos de la vida en Rusia** y estableció la Unión Soviética con principios **marxistas-leninistas** como guía para gobernar la sociedad y la economía.

613. **El pueblo ruso fue testigo de cambios drásticos**, como las reformas agrarias que eliminaron los derechos aristocráticos de propiedad de la tierra, la legalización del matrimonio civil (separación de la Iglesia y el Estado), **la introducción de la educación universal** y el establecimiento de los derechos laborales.

614. **La guerra civil que siguió a la revolución fue un conflicto brutal entre la facción del Ejército Rojo** (bolchevique) y las fuerzas del **Ejército Blanco** (monárquico/zarista). Millones de personas lucharon en la guerra.

615. **La Unión Soviética emergió como superpotencia** y su agenda principal fue extender el comunismo a otras partes del mundo.

616. Tan pronto como **los bolcheviques comenzaron a ganar la guerra civil rusa**, empezaron a atacar y anexionar países vecinos, donde establecieron repúblicas comunistas hermanas.

617. **Al final, quince países formaron la Unión Soviética:** Rusia, Ucrania, Bielorrusia, Georgia, Azerbaiyán, Armenia, Letonia, Lituania, Estonia, Kazajistán, Tayikistán, Uzbekistán, Kirguistán, Turkmenistán y Moldavia.

618. **En 1921, Lenin introdujo la Nueva Política Económica (NEP),** que recuperó la empresa privada limitada al tiempo que mantenía el control sobre algunos aspectos de la economía.

619. **Tras la muerte de Lenin, un hombre llamado Joseph Stalin tomó el poder.** Asesinó a sus oponentes políticos y creó un régimen autocrático basado en el miedo y el terror a través de una fuerza policial secreta llamada KGB.

620. **Se construyeron muchas industrias nuevas,** como **acerías y minas de carbón**, lo que convirtió a **la Unión Soviética** en uno de los estados más poderosos durante las décadas de 1920 y 1930.

621. **León Trotsky, uno de los principales revolucionarios junto a Lenin,** se vio obligado a exiliarse tras la muerte de Lenin en 1924. En el exilio, siguió predicando la causa socialista, pero culpó a Stalin de usurpar el poder en la URSS. En 1940, **Trotsky fue asesinado por la policía secreta soviética** en Ciudad de México.

622. Aunque **la Revolución rusa** produjo algunos resultados positivos, como el crecimiento económico en la industrialización y la mejora de los servicios de sanidad pública, **los rusos sufrieron enormemente durante el reinado de Stalin**, con millones de muertos debido a sus purgas o a las hambrunas creadas por las políticas agrícolas.

623. **La Unión Soviética se derrumbó en 1991** debido a los problemas económicos, el auge del nacionalismo y el creciente descontento con el régimen de partido único.

624. **Hoy en día, todavía quedan vestigios de este periodo**, como el uso generalizado de la lengua rusa en Europa del Este y Asia Central debido a la influencia de la era soviética.

625. **El legado de la Revolución rusa puede verse en el arte, la literatura y la política**, y muchas de estas ideas se siguen practicando hoy en día.

El ascenso del fascismo
(1920-1940)

Este capítulo explora la oscura y tumultuosa historia del ascenso del fascismo en Europa. Se presentan a veinte hechos interesantes sobre los gobiernos fascistas, sus líderes y sus puntos de vista.

626. **El fascismo es una ideología política ultranacionalista y autoritaria** que aboga por la creación de un estado fuerte con un gobierno centralizado.

627. **El término fue acuñado por Benito Mussolini,** en Italia en 1919, y la idea se extendió a otros países.

628. **El Partido Nacionalsocialista Obrero Alemán** (el Partido Nazi) en Alemania es un ejemplo notable de fascismo. Llegó al poder a finales de la década de 1920 y se mantuvo en la década de 1930.

629. **Los fascistas consideran que su propia nacionalidad o etnia es superior a las demás.** La ideología fascista solía utilizar a las minorías como chivos expiatorios. El pueblo judío es un ejemplo destacado de un grupo que fue utilizado como chivo expiatorio por un régimen fascista.

630. **Los fascistas tienden a ser hostiles hacia el comunismo**, viéndolo como una amenaza a su forma de vida.

631. **Los gobiernos fascistas utilizan ampliamente la propaganda para promover sus valores y desalentar la oposición.**

632. **Los discursos de Hitler fueron increíblemente influyentes en las personas que vivían bajo su régimen en aquella época,** aunque hoy en día parezcan anticuados o ridículos.

633. El fascismo durante las décadas de 1920 y 1930 fue en gran medida **una reacción a la política europea tras la Primera Guerra Mundial.**

634. **Los gobiernos fascistas tienen un líder que ostenta el poder supremo, como Mussolini en Italia o Hitler en Alemania.**

635. **Mussolini y Hitler se centraron en promover el orgullo nacional**, a menudo a través de exhibiciones militaristas, como desfiles o discursos patrióticos.

636. **Los fascistas creían que un control gubernamental firme podía devolver el orden a la sociedad tras el caos de la Primera Guerra Mundial,** que llevó a muchos países a una depresión económica.

637. **Las potencias fascistas participaron en múltiples guerras durante este periodo.** Por ejemplo, **Japón invadió China**, Italia atacó Etiopía y **Alemania luchó contra la mayor parte de Europa.**

638. **Durante la Segunda Guerra Mundial, Alemania, Italia y Japón se aliaron y lucharon juntos contra los Aliados.**

639. **Los fascistas utilizaron la censura** para controlar los medios de comunicación y a menudo reprimieron a la oposición.

640. **En Japón, los militares se consideraban superiores a los civiles, y el gobierno veía a las demás nacionalidades como «inferiores».** Los historiadores no están de acuerdo en si Japón tuvo o no un gobierno fascista.

641. **Hungría, Portugal y España también adoptaron gobiernos fascistas** durante el siglo XX.

642. **El auge del fascismo condujo a una mayor militarización y a un gobierno autoritario en muchas naciones europeas,** lo que causó importantes daños legales y morales.

643. **El ascenso del fascismo condujo a la Segunda Guerra Mundial,** que mató a más de setenta millones de personas en todo el mundo, convirtiéndola en una de las guerras más devastadoras de la historia.

644. **Los principales líderes fascistas fueron finalmente derrotados** en 1945, cuando las fuerzas aliadas ganaron la Segunda Guerra Mundial y restauraron la democracia en Europa.

645. **Aunque los regímenes fascistas de Italia y Alemania aportaron ciertos beneficios económicos e industriales temporales,** cualquier «aspecto positivo» del fascismo es fácilmente eclipsado por las atrocidades y crímenes de guerra que cometieron estos regímenes.

La Gran Depresión
(1929-1939)

Este capítulo explora los efectos de una de **las mayores crisis económicas de la historia moderna: la Gran Depresión**. Se examinan veinte hechos interesantes sobre este período, incluyendo su inicio, sus efectos sobre las familias y la economía y algunas formas creativas en que la gente trató de ganar dinero durante estos tiempos difíciles.

646. **La Gran Depresión fue una época de dificultades económicas en el mundo.** Casi todas las naciones se vieron afectadas por ella.

647. **Fue causada por el desplome de la bolsa de Nueva York** el 29 de octubre de 1929 (también conocido como «Martes Negro»).

648. En 1933, en el punto álgido de **la Gran Depresión, cerca de una cuarta parte de la población activa estadounidense estaba en paro.** Hasta la fecha, esa es la tasa de desempleo más alta de la historia de Estados Unidos.

649. **Entre 1929 y 1933, los salarios de quienes no perdieron su empleo en EE. UU. cayeron en promedio un 42,5 %.**

650. **Mucha gente perdió su trabajo, su casa y sus ahorros durante este periodo,** lo que dificultaba a las familias llegar a fin de mes.

651. **Millones de estadounidenses se quedaron sin hogar** porque no podían pagar el alquiler o la hipoteca.

652. **Recurrían a entretenimientos baratos como películas, programas de radio y libros** para distraerse de los duros momentos que vivían a diario.

653. **Las avalanchas bancarias fueron comunes durante la Gran Depresión.** Cuando los clientes temían que sus ahorros se perdieran, hacían fila afuera de los bancos y trataban de retirar todo su dinero antes de que desapareciera por completo.

654. **Muchas familias de EE. UU. se trasladaron al oeste en busca de nuevas oportunidades de trabajo** o mejores condiciones de vida que las que podían encontrar en su país de origen.

655. **Para hacer frente al hambre en tiempos difíciles, algunos estadounidenses comían «estofado Hoover»,** que era una combinación de cualquier alimento que tuvieran a mano.

656. **En Estados Unidos, la gente se unió para formar** *«hoovervilles»*, ciudades improvisadas hechas con cajas de cartón y otros materiales que recibieron el nombre del **presidente Herbert Hoover.**

657. **El** *Dust Bowl* **también afectó a la Gran Depresión.** Fue un desastre medioambiental causado por las malas prácticas agrícolas. La sequía y los fuertes vientos se juntaron para crear enormes tormentas de polvo en todas **las grandes llanuras.**

658. **Durante esta época, los niños a menudo realizaban trabajos ocasionales,** como vender periódicos o lustrar zapatos, para ayudar económicamente a sus familias.

659. **Muchas personas perdieron sus casas debido a la ejecución hipotecaria,** lo que significa que los bancos tomaron posesión cuando las personas ya no podían mantenerse al día con los pagos.

660. **Para combatir los efectos de la Gran Depresión, el presidente estadounidense Franklin D. Roosevelt puso en marcha el New Deal,** que consistía en una serie de nuevos programas gubernamentales, como la seguridad social y el seguro de desempleo, para ayudar a la gente a recuperarse económicamente.

661. En 1933, **tras la puesta en marcha de estas iniciativas gubernamentales, la economía estadounidense comenzó a mejorar gradualmente,** pero no se recuperó del todo hasta que estalló la Segunda Guerra Mundial.

662. **En 1939, las tasas de desempleo habían descendido del 25 % al 14 %** y el sector público había asumido un papel más importante en la economía, con un aumento del gasto público de 3.600 millones de dólares en 1933 a 9.400 millones en 1939.

663. **La economía comenzó a recuperarse más rápidamente en 1940 porque la Segunda Guerra Mundial** aumentó la demanda de bienes y servicios en EE. UU.

664. **Solo hubo un puñado de países en los que la Gran Depresión no condujo a un colapso financiero total, como Gran Bretaña y China.** Curiosamente, China evitó el desplome del mercado porque utilizaba la plata como referencia. **Gran Bretaña y los** países **nórdicos,** donde **la Gran Depresión tampoco tuvo su efecto,** abandonaron el oro como referencia poco después del desplome.

665. **Después de la Primera Guerra Mundial, Alemania fue el país más afectado de Europa.** Debido a la enorme deuda externa de Alemania por las reparaciones que debió pagar tras su derrota en **la Primera Guerra Mundial,** la economía alemana era muy frágil y fue devastada por **la Gran Depresión.**

La Segunda Guerra Mundial
(1939-1945)

Este capítulo explora la oscura y violenta historia de la Segunda Guerra Mundial. Se presentan veinte **hechos interesantes sobre esta guerra, incluyendo sus causas, las principales batallas y las figuras importantes** que estuvieron involucradas.

666. **La Segunda Guerra Mundial fue la guerra más mortífera de la historia, con más de setenta millones de muertos.**

667. **Adolf Hitler subió al poder en Alemania** en 1933, cuando fue nombrado canciller. Rápidamente comenzó a introducir cambios radicales.

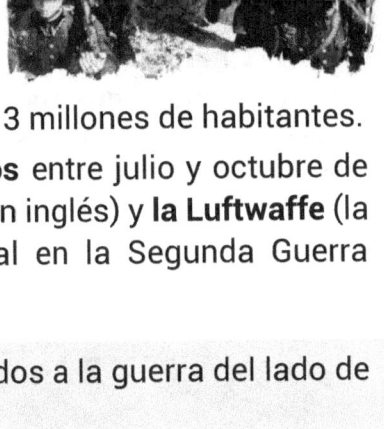

668. **En 1939, Hitler inició la Segunda Guerra Mundial al invadir Polonia.**

669. **Los Aliados**, que incluían países como **Estados Unidos, Gran Bretaña, Francia y la Unión Soviética**, lucharon contra **Alemania y Japón durante la Segunda Guerra Mundial.**

670. **Más de dieciséis millones de estadounidenses sirvieron en la Segunda Guerra Mundial.** Es un número elevado, teniendo en cuenta que EE. UU. tenía una población de unos 113 millones de habitantes.

671. **La batalla de Inglaterra se libró sobre los cielos británicos** entre julio y octubre de 1940 entre **la RAF** británica (Fuerza Aérea Real, por sus siglas en inglés) y **la Luftwaffe** (la fuerza aérea alemana). Esta batalla fue un momento crucial en la Segunda Guerra Mundial.

672. En 1941, **Japón atacó Pearl Harbor** y llevó a Estados Unidos a la guerra del lado de los Aliados.

673. **La batalla de Stalingrado** (1942-1943) **fue una de las más brutales jamás libradas.** Murieron más de un millón de personas de ambos bandos.

674. **La batalla de Midway** (junio de 1942) fue una victoria decisiva de **Estados Unidos contra Japón en el Pacífico.** En esta batalla, la US Navy hundió cuatro portaaviones japoneses, mientras que solo un portaaviones estadounidense se perdió en combate.

675. **Las fuerzas aliadas capturaron Roma** el 4 de junio de 1944, tras encarnizados combates con las tropas alemanas.

676. **El Día D, un acontecimiento que marcó un importante punto de inflexión en la Segunda Guerra Mundial,** fue un día importante para los Aliados, ya que invadieron Francia, ocupada por los alemanes, con más de 150.000 soldados el 6 de junio de 1944.

677. **La Segunda Guerra Mundial terminó en Europa cuando las fuerzas aliadas capturaron Berlín** en la primavera de 1945, obligando a Alemania a rendirse incondicionalmente.

678. **Las bombas atómicas fueron lanzadas sobre Hiroshima y Nagasaki** en 1945 para poner fin a la guerra, y Japón se rindió poco después.

679. **Durante la Segunda Guerra Mundial, se crearon muchos inventos importantes, como el radar, los motores a reacción y la penicilina, entre otros.**

680. **Ana Frank es famosa por escribir su diario mientras se escondía de los nazis durante la Segunda Guerra Mundial en Ámsterdam.** Murió en un campo de concentración, pero su libro, *Memorias de Ana Frank*, se publicó póstumamente. Es uno de los libros más leídos de la historia; algunos dicen que es el segundo libro más popular después de la *Biblia*.

681. **El Holocausto fue una terrible tragedia durante la Segunda Guerra Mundial.** Millones de judíos y otros grupos minoritarios fueron asesinados por los nazis.

682. **Elie Wiesel, premio nobel de la paz y superviviente del Holocausto,** escribió su famoso libro *Noche* sobre sus experiencias durante la Segunda Guerra Mundial. Describió los horrores de verse separado de sus seres queridos y enfrentarse a un trato inhumano a manos de los soldados nazis.

683. **Durante la Segunda Guerra Mundial, unas setenta millones de personas prestaron servicio militar en todo el mundo;** esta cifra incluye a las fuerzas aliadas y a las potencias centrales.

684. **Las mujeres desempeñaron un gran papel durante esta guerra, trabajando duro en casa y en el extranjero.** Trabajaron en fábricas o como enfermeras. Las mujeres también lucharon en la guerra o apoyaron de otras formas el esfuerzo bélico, descifrando códigos y siendo espías.

685. **Los juicios de Nuremberg se celebraron tras el final de la Segunda Guerra Mundial.** Los criminales de guerra nazis fueron juzgados por sus crímenes contra la humanidad.

La Guerra Fría
(1945-1991)

Este capítulo explora la turbulenta historia de la Guerra Fría, un periodo de tensión entre Estados Unidos y la Unión Soviética. Se presentan veinte datos interesantes sobre esta época, incluida la cuestión de las **armas nucleares, las guerras por poderes y los esfuerzos diplomáticos** para lograr la paz.

686. **La Guerra Fría comenzó cuando Estados Unidos y la Unión Soviética no se pusieron de acuerdo sobre cómo debía dividirse Alemania tras el fin de la Segunda Guerra Mundial,** en 1945.

687. **Otro punto de discordia entre estas potencias mundiales eran las ideologías.** La Unión Soviética quería extender el comunismo por todo el mundo, algo que amenazaba los principios democráticos propagados por Estados Unidos.

688. **Ambos bandos disponían de armas nucleares, lo que hizo que la Guerra Fría fuera muy peligrosa.** Por suerte, no se produjo ningún enfrentamiento armado directo entre soviéticos y estadounidenses y no se utilizaron armas nucleares.

689. Aun así, **ambos bandos participaron en guerras indirectas contra el otro**, financiando y tomando parte en varias guerras civiles y revoluciones para instalar regímenes que impidieran al otro seguir extendiendo su ideología.

690. **La competencia económica también fue una parte importante de este conflicto.** Estados Unidos seguía principios capitalistas, mientras que la Unión Soviética seguía principios de propiedad pública.

691. Algunos momentos famosos de este conflicto son el **discurso del presidente John F. Kennedy en la Universidad Rice** (1962), **la Crisis de los Misiles en Cuba** (1962), la construcción del **Muro de Berlín** en 1961 y su caída en 1989, **la guerra de Corea** (1950-1953) y **la guerra de Vietnam** (1959-1975).

692. En 1947, **George Marshall anunció su plan para reconstruir Europa tras la Segunda Guerra Mundial.** Se denominó **Plan Marshall**. Ayudó a los países occidentales a recuperarse económicamente. Estados Unidos quería asegurarse de que estos países pudieran resistir la oleada comunista.

693. **El puente aéreo de Berlín** tuvo lugar en 1948 cuando **los soviéticos bloquearon todas las rutas de acceso desde Berlín Occidental**. Occidente respondió rápidamente con puentes aéreos que proporcionaron alimentos y suministros hasta que el bloqueo se levantó de nuevo meses después.

694. En 1949, la **OTAN** (Organización del Tratado del Atlántico Norte) fue **formada por los países occidentales** para protegerse de cualquier posible ataque de los soviéticos.

695. **Los estados comunistas de Europa del Este se organizaron a través del liderazgo de la Unión Soviética** en un tratado de defensa llamado Pacto de Varsovia, que buscaba hacer contrapeso a la OTAN.

696. **La Guerra Fría no fue solo un enfrentamiento militar.** Los dos bandos compitieron entre sí en otros campos, sobre todo en los deportes y la exploración espacial.

697. **En la carrera espacial, Estados Unidos y la Unión Soviética compitieron por el dominio del espacio.**

698. Durante esta época se produjeron muchas actividades de espionaje por parte de ambos bandos. **La información era robada o recopilada ilegalmente por los gobiernos,** lo que añadía más tensión.

699. *Radio Free Europe* y *Voice of America* **fueron dos programas de radio desarrollados por Estados Unidos** que emitían noticias sobre libertad y democracia a los países de Europa del Este para concienciar a la población sobre lo que ocurría fuera de sus fronteras.

700. **Ambos países construyeron bases militares en distintas partes del mundo** para mostrar su poder y su fuerza. Estados Unidos tenía la bahía de Guantánamo en Cuba, mientras que la URSS tenía bases en Afganistán.

701. **La Guerra Fría creó una carrera armamentística** en la que ambos bandos competían por conseguir armas más avanzadas, como misiles nucleares y submarinos.

702. A finales de los sesenta y en los setenta, cuando la posibilidad de que **estallara una guerra entre ambos bandos estaba en su punto más crítico,** algunas figuras políticas estadounidenses tenían una visión idealista de la guerra que alimentó **la Guerra Fría. La administración Nixon,** por ejemplo, quiso aumentar el gasto público destinado a otros aspectos diferentes de la Guerra Fría. Sin embargo, esta política sería revertida por sus sucesores.

703. **Se han escrito muchos libros, películas y canciones sobre esta época**, destacando los efectos que tuvo en la vida de las personas de todo el mundo y mostrando lo poderosas que pueden llegar a ser las fuerzas políticas.

704. **A pesar de todas las tensiones, este periodo se recuerda como uno en el que la ciencia y la tecnología avanzaron** rápidamente debido a la competencia entre ambos bandos.

705. **La Guerra Fría terminó oficialmente tras la disolución de la Unión Soviética.** Su sistema de gobierno comunista se derrumbó, dando lugar a la formación de nuevos países.

La descolonización de África y Asia
(de 1950 a 1970)

Este capítulo explora el proceso de descolonización y su impacto en los países africanos y asiáticos. Se examinan veinte datos interesantes sobre este periodo, incluyendo cómo reaccionaron las potencias coloniales ante los movimientos independentistas y las estrategias utilizadas por las antiguas colonias para conseguir la libertad.

706. **La descolonización es el proceso por el que los países se independizan del control de otros países, en este caso, del control europeo.**

707. **Las colonias de África y Asia** estaban controladas por **Francia, Gran Bretaña, Portugal, Bélgica** y otras naciones europeas antes de obtener su libertad.

708. En 1945, al final de la Segunda Guerra Mundial, **la mayoría de los países africanos y asiáticos seguían bajo dominio colonial**, pero empezaron a luchar por su independencia poco después del final de la guerra.

709. Después de la Segunda Guerra Mundial, **hubo un creciente apoyo a la descolonización, ya que los pueblos querían autodeterminación** y el derecho a elegir sus gobiernos sin la interferencia de potencias externas.

710. **Las Naciones Unidas apoyaron esta causa**, prometiendo a todos los pueblos el derecho a gobernarse a sí mismos, libres de la dominación o explotación extranjera.

711. **Muchos líderes africanos recurrieron a protestas pacíficas contra el colonialismo**, mientras que otros tomaron las armas para liberarse del dominio extranjero. El nigeriano **Nnamdi Azikiwe** lideró una campaña no violenta contra el dominio británico en la década de 1950.

712. **India fue uno de los primeros países en conseguir la independencia,** el 15 de agosto de 1947, tras una lucha liderada por **Mahatma Gandhi y Jawaharlal Nehru** mediante protestas no violentas contra el dominio británico.

713. **Ghana se convirtió en el primer país africano en independizarse de los colonizadores europeos** cuando recuperó su libertad de Gran Bretaña el 6 de marzo de 1957. Kwame Nkrumah se convirtió en su presidente.

714. **Argelia se liberó de Francia** tras una guerra de ocho años que finalizó en 1962.

715. **Vietnam es otro ejemplo de descolonización exitosa**, ya que los vietnamitas obtuvieron su independencia tras la primera guerra de Indochina contra las fuerzas coloniales francesas (1946-1954).

716. **La descolonización tuvo resultados positivos**, como el fin del dominio extranjero y un aumento del desarrollo económico, pero también hubo resultados negativos, como guerras civiles, conflictos étnicos e inestabilidad política.

717. **El proceso de descolonización se desarrolló a lo largo de varias décadas**, desde los años cincuenta hasta los setenta. Algunos lugares, como Namibia, consiguieron la independencia incluso más tarde.

718. Durante este periodo, **muchas naciones formaron nuevos gobiernos** basados en un sistema democrático que permitía elecciones libres y libertad de expresión.

719. **La descolonización condujo a un mayor orgullo entre las personas que vivían en las antiguas colonias**, que ahora tenían sus propias identidades separadas del control europeo.

720. En algunos casos, **las potencias europeas siguieron implicadas o interfirieron incluso después de que un país declarara su independencia**, lo que provocó nuevos conflictos, como la crisis del Congo (1960-1965).

721. **Sudáfrica recorrió un largo camino hasta lograr la independencia completa de Gran Bretaña,** en la década de 1960. Sin embargo, incluso como nación soberana, continuó con las duras prácticas de segregación contra su población negra, conocidas como *apartheid*.

722. **El liderazgo del activista político y estadista Nelson Mandela** contribuyó a poner fin al *apartheid* en la década de 1990.

723. **La descolonización también condujo a la formación de Malasia**, que se creó en 1963 tras separarse del dominio británico.

724. **Durante la descolonización, algunas potencias europeas se negaban a renunciar a sus colonias.** Otras, reconocían que había llegado el momento de abandonarlas y lideraron las negociaciones para una transición pacífica del poder.

725. **El año 1960 se conoce como el año de África**, principalmente porque diecisiete naciones africanas obtuvieron su independencia ese año.

La Revolución cubana
(1953-1959)

La Revolución cubana fue un periodo trascendental en la historia de Cuba. En este capítulo, se presentan veinte datos sobre esta revolución histórica y sus principales protagonistas. Prepárese para un fascinante viaje a través de una de las revoluciones más emblemáticas de la historia moderna.

726. **La Revolución cubana** fue **liderada por Fidel Castro**, que quería derrocar al gobierno de **Fulgencio Batista en Cuba**.

727. **Fidel Castro, Che Guevara y Camilo Cienfuegos fueron algunos de los líderes** clave durante la Revolución cubana.

728. **Las Fuerzas Armadas Revolucionarias Cubanas lucharon contra las fuerzas del ejército del presidente Batista** durante varios años, hasta que finalmente vencieron el 1 de enero de 1959, tras derrotar a sus últimas tropas en Santa Clara, Cuba.

729. **Fidel Castro dirigió un ataque de alrededor de setenta rebeldes contra el Cuartel Moncada de Santiago,** el 26 de julio de 1953, que fracasó estrepitosamente, lo que condujo a la detención de Castro. En prisión, fundó el Movimiento 26 de Julio, organización que impulsó las actividades revolucionarias en Cuba.

730. **El Movimiento 26 de Julio se transformó más tarde en el Partido Comunista de Cuba.**

731. **Mucha gente estaba descontenta con la dictadura de Fulgencio Batista**. La corrupción era generalizada y el presidente tenía vínculos con el crimen organizado.

732. De octubre de 1957 a diciembre de 1958, **el líder rebelde Ernesto «Che» Guevara y su ejército guerrillero** de menos de cien hombres y mujeres marcharon a través de **las montañas de Sierra Maestra en Cuba** para arrebatar ciudades críticas a las fuerzas de Batista.

733. **Fidel Castro declaró la victoria** el 8 de enero de 1959, tras entrar en La Habana.

734. Tras hacerse con el poder, Castro estableció rápidamente un gobierno comunista con él mismo como primer ministro y el **Che Guevara** como ministro de Industria.

735. El gobierno de Castro nacionalizó la mayor parte de la propiedad privada en 1959, incluidas las empresas extranjeras, como las compañías petroleras y los bancos.

736. La Revolución cubana trajo consigo numerosos cambios, entre ellos la reforma agraria que redistribuyó las tierras de los grandes terratenientes entre los campesinos pobres que trabajaban para ellos.

737. Se concedió asistencia sanitaria universal y gratuita. La educación pasó a ser gratuita en todos los niveles hasta el universitario y se pusieron en marcha muchos otros programas de bienestar social, como campañas de alfabetización en las zonas rurales.

738. Durante los años siguientes al fin de la revolución de 1959, **cientos de miles de cubanos huyeron del país debido a la difícil situación sociopolítica.** Este acontecimiento se conoce como el éxodo cubano.

739. **La mayoría de los cubanos se asentaron en EE. UU.,** aunque también emigraron a otros países latinoamericanos como **Puerto Rico** y **México.**

740. Después de la Revolución cubana, Fidel Castro estableció estrechos lazos con la Unión Soviética y la economía de Cuba comenzó a depender de la gran potencia para el comercio.

741. Estados Unidos respondió a la Revolución cubana cortando todos los lazos diplomáticos con Cuba e imponiendo un embargo a la nación caribeña.

742. En 1961, Fidel Castro declaró que Cuba era un estado socialista, lo que significaba que el gobierno controlaría la mayoría de los aspectos de la vida de los ciudadanos, como el trabajo y la educación.

743. Durante este periodo, cientos de miles de opositores políticos fueron encarcelados o enviados al exilio, al tiempo que se restringía la libertad de expresión y de reunión.

744. Cuba también se alió estrechamente con otros países socialistas como China y Corea del Norte.

745. El líder revolucionario Che Guevara fue ejecutado en 1967 durante su intento de extender una revolución en **Bolivia.**

La carrera espacial
(1955-1975)

Conozca **la increíble historia de la exploración del espacio con este capítulo en el que se presentan veinte datos interesantes sobre la carrera espacial**. Conozca cómo Estados Unidos y la Unión Soviética lucharon por la supremacía y lograron hazañas notables en el proceso.

746. **La carrera espacial fue una competición entre Estados Unidos y la Unión Soviética para explorar el espacio.**

747. Comenzó en la década de 1950, **cuando ambos países querían demostrar su superioridad** en ciencia y tecnología.

748. En 1957**, la Unión Soviética lanzó el Sputnik 1,** convirtiéndose en el primer país en poner un satélite artificial en órbita alrededor de la Tierra. Este lanzamiento demostró que **los soviéticos dominaban la tecnología de los cohetes.**

749. **Ese mismo año, enviaron al espacio a bordo del Sputnik 2 a una perra llamada Laika,** que se convirtió en el primer animal en orbitar la Tierra. Los soviéticos sabían que no volvería con vida. Hoy en día, hay estatuas en Rusia para conmemorarla.

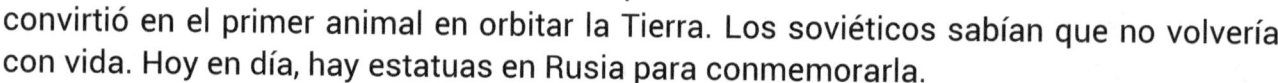

750. **El presidente John F. Kennedy anunció el objetivo de Estados Unidos de llevar un hombre a la Luna antes de 1970.** Esto puso en marcha el **Programa Apolo** de la NASA, diseñado para desarrollar la tecnología y los recursos necesarios para alcanzar este ambicioso objetivo.

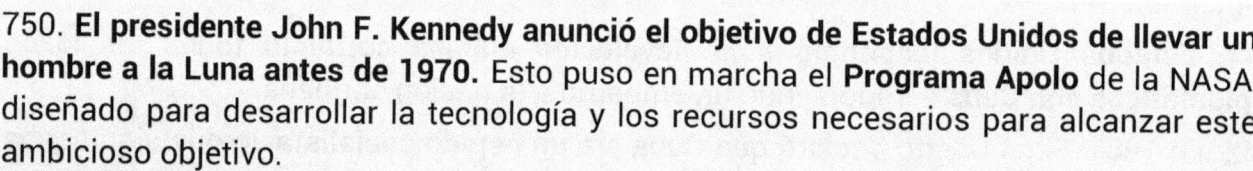

751. **La URSS y Estados Unidos enviaron varias sondas lunares** no tripuladas para estudiar la Luna a lo largo de la década de 1960.

752. **La Unión Soviética también envió al espacio a una mujer llamada Valentina Tereshkova** en 1963. Se convirtió en la primera mujer astronauta en ir al espacio.

753. En la década de 1960, **ambos países empezaron a trabajar en una nave espacial reutilizable**. EE. UU. diseñó el **transbordador espacial**, mientras que la Unión Soviética creó el **Buran**, que realizó su primer vuelo no tripulado al espacio de ida y regreso en 1988.

754. En 1967, **el Apolo 1 se incendió trágicamente durante un lanzamiento de práctica, matando a los tres astronautas que iban a bordo**. El incendio fue causado por una combinación de varios factores, incluyendo una chispa que encendió una acumulación de oxígeno puro en la cabina.

755. **La primera misión tripulada estadounidense exitosa fue la Freedom 7**, en la que **Alan Shepard** se convirtió en el primer estadounidense en ir al espacio.

756. **El Apolo 11 despegó de Cabo Cañaveral en julio de 1969. Neil Armstrong**, Edwin «Buzz» Aldrin y Michael Collins iban a bordo.

757. El 20 de julio de 1969, **Neil Armstrong se convirtió en la primera persona en pisar la Luna**. Al bajar del **Apolo 11** sobre la superficie lunar, dijo: «Un pequeño paso para el hombre; un gran salto para la humanidad».

758. **Los soviéticos habían superado a Estados Unidos en la creación de satélites, pero se cree que los estadounidenses ganaron la carrera espacial.**

759. En 1971, **Estados Unidos envió una sonda llamada Mariner 9**, que se convirtió en la primera nave en orbitar otro planeta, Marte.

760. A partir de 1975, **ambos países dejaron de competir entre sí y empezaron a cooperar en proyectos más pacíficos**. Esto marcó el fin de la carrera espacial y un cambio importante en la guerra fría.

761. **Ambos países crearon naves espaciales para poner personas en órbita, como la Vostok 1** (Unión Soviética) y la **Freedom 7** (Estados Unidos).

762. **Desde entonces, ambos países han cooperado en misiones espaciales, como la Estación Espacial Internacional, en 1998.**

763. **Los soviéticos y los estadounidenses enviaron sondas no tripuladas para explorar otros planetas de nuestro sistema solar** como Venus, Marte y Saturno. Este esfuerzo formaba parte de una misión más amplia para explorar el sistema solar y más allá.

764. **Ambos países crearon potentes vehículos de lanzamiento** que podían llevar grandes naves al espacio profundo, como **el cohete Soyuz** (URSS) y **el Saturno V** (EE. UU.).

765. **La Unión Soviética lanzaba cohetes Proton-K desde el puerto espacial de Baikonur,** que aún hoy se utiliza para lanzar satélites, vehículos de reabastecimiento de **la Estación Espacial Internacional** e incluso vuelos espaciales tripulados.

La guerra de Vietnam
(1955-1975)

La guerra de Vietnam fue uno de los acontecimientos más importantes de la historia moderna. Este capítulo explora veinte hechos interesantes sobre esta guerra, incluyendo sus causas, los efectos que tuvo en las personas involucradas, las batallas clave y las negociaciones de paz.

766. **La guerra de Vietnam** fue una guerra muy costosa entre Vietnam del Norte y Vietnam del Sur que duró desde 1955 hasta 1975.

767. Durante la guerra, **Estados Unidos apoyó a Vietnam del Sur, mientras que China y Rusia ayudaron a Vietnam del Norte.**

768. **Se calcula que unas tres millones de personas murieron en el conflicto,** incluidos unos cincuenta y ocho mil soldados estadounidenses y más de dos millones de soldados y civiles vietnamitas de ambos bandos del conflicto.

769. **El presidente John F. Kennedy envió tropas para apoyar a Vietnam del Sur** contra las fuerzas comunistas de Vietnam del Norte en 1961.

770. En 1964, **dos destructores estadounidenses fueron atacados por torpederos norvietnamitas en lo que se conoce como el incidente del golfo de Tonkín**, lo que llevó al Congreso a aprobar la Resolución del golfo de Tonkín, que otorgaba al presidente Lyndon B. Johnson el poder de iniciar bombardeos sin declarar la guerra.

771. **Millones de refugiados huyeron de sus hogares debido a la inestabilidad política o a la violencia durante este periodo,** provocando una crisis humanitaria.

772. **La guerra de Vietnam, también conocida como la segunda guerra de Indochina** o la guerra estadounidense en Vietnam, fue una de las pugnas de poder más importantes de la Guerra Fría.

773. En 1968, durante lo que se conoció como la Ofensiva del Tet, **las fuerzas norvietnamitas capturaron varias ciudades survietnamitas,** lo que provocó un aumento de las tropas estadounidenses enviadas para apoyar a Vietnam del Sur.

774. **El sentimiento antibélico creció significativamente entre los ciudadanos de todos los países implicados,** especialmente en Estados Unidos, donde se celebraron grandes protestas contra la guerra.

775. **En 1968, comenzaron en París las negociaciones de paz entre Estados Unidos y** representantes **norvietnamitas.** Las partes discutieron los términos de la retirada estadounidense de Vietnam.

776. El 27 de enero de 1973, **ambas partes firmaron un acuerdo de paz que ponía fin a la participación directa de Estados Unidos en la guerra.** Sin embargo, esto no puso fin a la violencia, debido a la continua actividad militar.

777. **El último soldado estadounidense abandonó formalmente Vietnam del Sur en 1973,** aunque algunos ciudadanos particulares permanecieron durante muchos años más.

778. En 1975, **Vietnam del Norte conquistó Vietnam del Sur**, lo que dio lugar a la reunificación de los dos estados en un país unificado.

779. A principios de 1979, **Vietnam se vio brevemente envuelto en una guerra con China.** Ninguna de las partes salió totalmente victoriosa de la guerra, y los enfrentamientos fronterizos entre las tropas chinas y vietnamitas continuaron durante muchos años.

780. **La guerra de Vietnam fue la más larga y costosa para Estados Unidos durante la Guerra Fría.**

781. **Tras la victoria de Vietnam del Norte, EE. UU. rompió relaciones diplomáticas e impuso un embargo comercial a Vietnam**. Las relaciones se restablecieron durante la administración Clinton, en la década de 1990.

782. **El uso de defoliantes, como el agente naranja, por parte de las fuerzas estadounidenses causó graves daños medioambientales en todo Vietnam**, lo que provocó problemas de salud a largo plazo para sus habitantes.

783. **Las medicinas, los suministros de alimentos y otras ayudas humanitarias enviadas por diferentes países** ayudaron a millones de refugiados que huían del Sudeste Asiático durante este periodo.

784. **El legado de la guerra continúa hoy en día a través de monumentos, museos y libros** dedicados a los afectados por el conflicto.

785. Después de la guerra, **Estados Unidos proporcionó ayuda financiera a un Vietnam devastado** y hasta ahora sigue intentando reparar las relaciones entre ambos países.

El movimiento por los derechos civiles en Estados Unidos (1955-1968)

Este capítulo explora la importante y poco recordada historia del movimiento por los derechos civiles en Estados Unidos. Se analizan diez datos interesantes sobre este periodo, incluidos los principales acontecimientos y la formación de organizaciones cruciales dirigidas por líderes influyentes.

786. **El movimiento por los derechos civiles en EE. UU**. fue una época de progreso en la lucha por la igualdad y la justicia para los afroamericanos.

787. **Los afroamericanos estaban privados de derechos en Estados Unidos,** a pesar de haber obtenido su libertad durante la guerra civil estadounidense.

788. **Muchos afroamericanos se unieron para formar organizaciones,** como la Southern Christian Leadership Conference (**SCLC**) y el Student Nonviolent Coordinating Committee (**SNCC**).

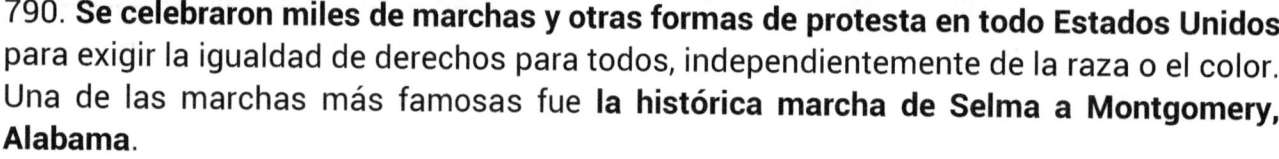

789. **El Dr. Martin Luther King Jr., Malcolm X y otros líderes influyentes** se pronunciaron contra la injusticia racial durante este periodo.

790. **Se celebraron miles de marchas y otras formas de protesta en todo Estados Unidos** para exigir la igualdad de derechos para todos, independientemente de la raza o el color. Una de las marchas más famosas fue **la histórica marcha de Selma a Montgomery, Alabama**.

791. En 1964, **el Congreso aprobó la Ley de Derechos Civiles,** que prohibía la discriminación por motivos de raza, color, religión u origen nacional en lugares públicos como escuelas, parques y lugares de trabajo.

792. **En 1965 se aprobó la Ley del Derecho al Voto**. Esta ley pretendía proteger el derecho al voto de los estadounidenses de raza negra prohibiendo las prácticas discriminatorias.

793. En 1968, **el Congreso aprobó la Ley de Vivienda Justa,** que puso fin a la discriminación en la vivienda y las prácticas de alquiler.

794. **La desegregación escolar también fue una victoria importante durante este periodo,** ya que condujo a una mayor integración en las instituciones educativas para todos los estudiantes, independientemente de su raza o color.

795. **El movimiento por los derechos civiles fue una lucha larga y difícil,** pero dio resultados muy significativos para los estadounidenses negros. Sin embargo, los casos de racismo sistémico y discriminación continúan hoy en día en todo **Estados Unidos** y son algunos de los problemas sociales más desafiantes a los que se enfrenta el país.

El desarrollo de Internet
(de 1960 a la actualidad)

Este capítulo explora el notable desarrollo de Internet desde su invención, en la década de 1960. Se presentan diecisiete hechos fascinantes que detallan cómo ha crecido y cambiado con el tiempo.

796. **Internet se inventó a finales de los años 60 y no ha dejado de crecer desde entonces**. Comenzó como un proyecto militar llamado **ARPANET**, financiado por el gobierno estadounidense.

797. **El primer navegador web, NCSA Mosaic,** se desarrolló y se puso en marcha en los años 90. Ampliaba en gran medida las posibilidades de ARPANET. Se basó en gran medida en la red ARPANET y fue diseñado en la Universidad de Illinois en Urbana-Champaign.

798. **En 1990, unos tres millones de personas tenían acceso a Internet en todo el mundo**. En el 2000, Internet era utilizada por más de cuatrocientos millones de personas.

799. En 1991, **Tim Berners-Lee creó HTML** (lenguaje de marcado de hipertexto), que permitió transferir fácilmente información entre diferentes tipos de ordenadores de todo el mundo, creando lo que hoy conocemos como la World Wide Web.

800. En 1995 **Amazon** abrió sus puertas virtuales. Al principio, **vendían libros en línea. eBay le siguió poco después**; ambas empresas siguen siendo algunos de los mayores sitios de comercio electrónico de la actualidad.

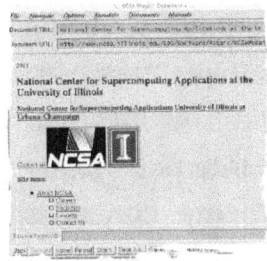

801. **En 1998 se lanzó Google, que se convirtió rápidamente en el motor de búsqueda más popular del mundo.**

802. **El desarrollo de los teléfonos inteligentes aumentó aún más el acceso a Internet** a lo largo de la década de los 2000, con el lanzamiento de aplicaciones como Facebook, en 2004, y Twitter (ahora llamada X), dos años más tarde.

803. **YouTube se lanzó en 2005,** dando la oportunidad de compartir vídeos en línea de forma gratuita a cualquiera con una cámara o un teléfono inteligente.

804. **Los teléfonos inteligentes han ido sustituyendo** a los computadores como principal forma de conectarse a Internet desde su lanzamiento, en la década de 1990. **Apple lanzó su primer iPhone en 2007**, revolucionando la forma en que se utiliza la tecnología hoy en día.

805. **Las redes sociales crecieron rápidamente durante este periodo. Instagram** se fundó en 2010 y **Snapchat** entró en escena en 2011.

806. **Servicios de *streaming* como Netflix también despegaron en esta época,** permitiendo a los usuarios ver películas y programas de televisión sin tener suscripciones por cable o satélite.

807. **Las redes inalámbricas 5G comenzaron a desplegarse en 2018**, proporcionando velocidades de descarga y carga más rápidas que nunca.

808. En abril de 2023, **el número mundial de usuarios de Internet superó los cinco mil millones.**

809. **La inteligencia artificial (IA)** se utiliza ahora para mejorar la experiencia de Internet; ya que incluye herramientas como asistentes de voz y algoritmos de búsqueda predictiva.

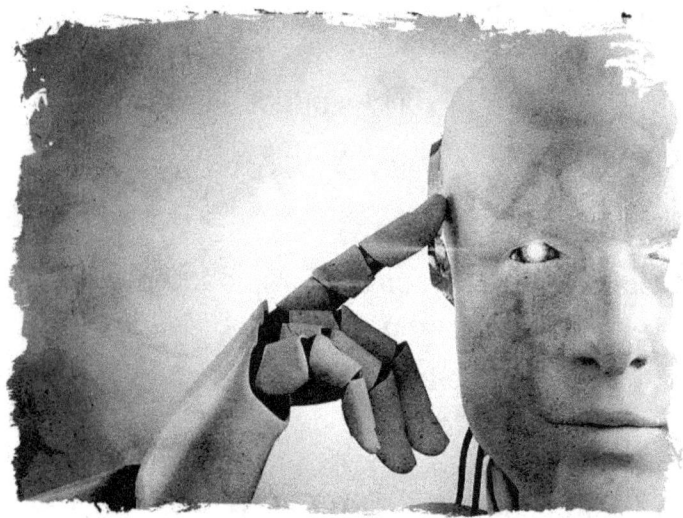

810. **El desarrollo de la tecnología *blockchain* ha creado nuevas formas de almacenar y compartir datos en línea de forma segura**, utilizando redes descentralizadas en lugar de los tradicionales servidores centrales.

811. **La realidad aumentada y virtual** también se utilizan cada vez más para crear experiencias inmersivas en línea.

812. **Hoy en día, Internet sigue evolucionando rápidamente** con más avances tecnológicos, lo que hace que sea más rápido e incluso más fácil conectarse en todo el mundo.

La Revolución Cultural china
(1966-1976)

En este capítulo se analiza **la Revolución Cultural**, su historia y su impacto en China. Se presentan **quince hechos interesantes que demuestran** cómo este período de agitación política y social cambió la vida en China para siempre.

813. **La Revolución Cultural fue un movimiento sociopolítico que tuvo lugar en China** entre 1966 y 1976. Pretendía «defender» el comunismo eliminando los elementos de la cultura y la sociedad chinas que no correspondían a las normas comunistas establecidas por **Mao Zedong y el Partido Comunista.**

814. **La Revolución Cultural comenzó cuando Mao Zedong,** el líder de China en aquel momento, quería reforzar su poder y autoridad sobre el país.

815. Durante esta época, **muchas personas fueron perseguidas por sus creencias** u orígenes y tuvieron que huir de sus hogares o fueron enviadas a campos de trabajo conocidos como centros de reeducación.

816. **El arte, la literatura y la música tradicionales fueron prohibidos durante este periodo** para que no influyeran en el comportamiento de la gente.

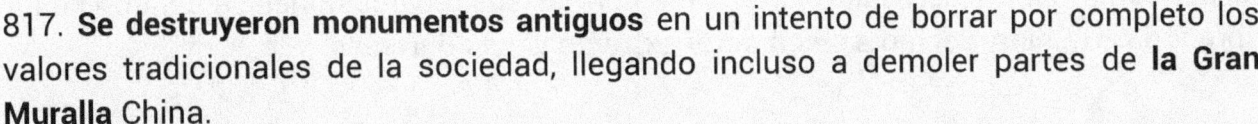

817. **Se destruyeron monumentos antiguos** en un intento de borrar por completo los valores tradicionales de la sociedad, llegando incluso a demoler partes de **la Gran Muralla** China.

818. **El «traje de Mao» se convirtió en una prenda muy popular** entre los hombres tras la victoria de los comunistas.

819. Durante esta época, **se animó a los estudiantes conocidos como guardias rojos a denunciar y castigar a las personas que no estuvieran de acuerdo con las ideas de Mao Zedong,** lo que a menudo provocó violentos enfrentamientos entre ellos y la policía u otros grupos de ciudadanos.

820. **La Revolución Cultural reforzó el culto a la personalidad de Mao Zedong,** y se obligaba a verlo como el salvador y líder eterno del pueblo chino.

821. **Muchos intelectuales fueron perseguidos durante esta época** y enviados a reeducación (o trabajos forzados). Muchos otros fueron ejecutados o murieron en los campos de trabajo.

822. **Durante la Revolución Cultural, el Estado confiscó muchas propiedades privadas y empresas.** Este nivel de colectivización tuvo efectos devastadores, pero se suponía que eliminaría las diferencias entre las distintas clases de la sociedad china.

823. **La gente luchaba por cubrir sus necesidades debido a la falta de suministros provocada por los cambios en la sociedad.** Algunos incluso comían cortezas de árbol para sobrevivir un día más.

824. **La Revolución Cultural duró hasta 1976, cuando Mao Zedong falleció por enfermedad.** Sus políticas fueron revocadas poco después.

825. **La Revolución Cultural marcó un cambio fundamental en la historia de China.** Transformó las estructuras políticas, los sistemas económicos, la cultura tradicional y las formas de vida.

826. **Fue un periodo de gran sufrimiento para muchas personas,** que condujo a un aumento de la desigualdad social y de la inestabilidad política en el país, lo que aún le afecta hoy en día.

827. **La Revolución Cultural inspiró políticas similares en países comunistas de todo el mundo,** como Cuba y Corea del Norte. Sin embargo, sus repercusiones se dejaron sentir sobre todo en China, debido a su carácter extremo y a su duración.

El rápido aumento de la globalización
(de 1980 a la actualidad)

El auge de la globalización en las últimas décadas ha cambiado por completo la forma en que las personas interactúan entre sí, comparten conocimientos y recursos y hacen negocios más allá de las fronteras. **Este capítulo explora catorce hechos interesantes sobre este fenómeno.**

828. **La globalización es la idea de que las naciones, las culturas y las economías de todo el mundo están cada vez más conectadas** y entrelazadas.

829. A partir de la década de 1980, **la globalización comenzó a aumentar rápidamente debido a los avances en la tecnología y el transporte**, facilitando el intercambio de bienes, servicios, personas e ideas.

830. **Internet ha hecho posible que miles de millones de personas de todo el mundo se conecten instantáneamente.**

831. **Este rápido crecimiento de las conexiones globales ha dado lugar a un aumento del comercio internacional**, así como de las inversiones entre países, creando una economía global en la que los bienes fluyen libremente a través de las fronteras como nunca antes.

832. **La globalización también ha provocado que un gran número de empresas trasladen sus operaciones al extranjero** en busca de costos de producción más bajos o mercados laborales más baratos, lo que ha provocado la pérdida de millones de puestos de trabajo en los países desarrollados, mientras que esos mismos puestos de trabajo se crean en otros lugares con salarios mucho más bajos.

833. **Los viajes internacionales ahora son más rápidos** y cómodos que nunca.

834. **La globalización ha provocado un enorme aumento de las migraciones entre países**, con personas que se desplazan por todo el mundo en busca de trabajo, educación o placer y aventura.

835. Esta **mayor movilidad conlleva un aumento del intercambio cultural**; las culturas se comparten con rapidez y facilidad, lo que da lugar a que se formen nuevas ideas, se fusionen varias y se luche por ellas.

836. **El intercambio de conocimiento entre países ha aumentado** a niveles sin precedentes gracias a las conexiones globales. Es fácil acceder a información sobre cualquier tema imaginable con solo unos clics.

837. **La globalización ha ayudado a reducir la pobreza en todo el mundo al aumentar el acceso a los recursos** y ofrecer más oportunidades económicas a quienes viven en países en desarrollo.

838. **La automatización es otro gran factor que ha aumentado debido a la globalización**. Los avances tecnológicos permiten que máquinas o robots realicen gran parte del trabajo que antes se hacía manualmente, lo que se traduce en una mayor productividad a un menor costo.

839. **Las emisiones de carbono han aumentado drásticamente desde la primera ola de globalización** (la Revolución Industrial). Como resultado, el cambio climático es una cuestión cada vez más importante a escala mundial, y los países se han unido para abordar este problema de forma colectiva.

840. **Debido a su facilidad de uso, la banca internacional está creciendo rápidamente**. Se puede enviar dinero de un lado a otro del mundo de forma fácil y segura en cuestión de minutos a través de plataformas online.

841. **Las tendencias de la moda mundial se ven constantemente moldeadas** por el aumento del flujo de bienes e ideas entre países.

La caída del Muro de Berlín
(1989)

La caída del Muro de Berlín fue un momento trascendental de la historia. Este capítulo descubre dieciséis hechos fascinantes sobre este acontecimiento icónico.

842. **El Muro de Berlín se construyó en 1961 y dividió la ciudad de Berlín en dos partes**: el este comunista y el oeste democrático.

843. **El objetivo principal del muro era impedir que la gente cruzara a Berlín Occidental**, donde la calidad de vida era mucho mayor.

844. **Alrededor de tres millones de personas abandonaron Berlín Oriental antes de la creación del muro.**

845. En 1987, durante su **visita a Berlín el presidente estadounidense Reagan, pronunció su icónico discurso «Derriben este muro»**, en el que instaba a Mijaíl Gorbachov (el líder de la URSS) a abrir el Muro de Berlín.

846. El 9 de noviembre de 1989, ciudadanos de ambos bandos comenzaron a **derribar secciones del muro** con sus propias manos.

847. **La caída del Muro de Berlín marcó el fin de las tensiones de la Guerra Fría entre Alemania Oriental y Alemania Occidental** y condujo finalmente a la reunificación de Alemania en 1990.

848. **La gente lo celebró pintando grafitis en lo que quedó del muro** tras su destrucción. Muchas piezas se exhiben ahora como monumentos conmemorativos de la libertad.

849. **Los restos del muro todavía pueden verse hoy en varios lugares de Berlín,** como la **Bernauer Strasse, cerca del Checkpoint Charlie,** donde los turistas se toman fotos e incluso pueden tocarlo.

850. **La caída simbolizó no solo la paz, sino también la esperanza de democracia en Europa y más allá.**

851. **La caída del muro tuvo un efecto duradero en las relaciones internacionales,** mejorando significativamente los lazos dentro de Europa. Los países de Europa del Este también se integraron poco a poco a la gran familia democrática de naciones.

852. En diciembre de 1989, **el presidente estadounidense George H. W. Bush declaró que «este día marca una victoria de la libertad».**

853. **El papa Juan Pablo II visitó Berlín Oriental en octubre de 1989 para celebrar la reunificación alemana.** Su visita se consideró decisiva para tender puentes entre Alemania Oriental y Occidental tras años de separación.

854. **A lo largo de los años, cientos de artistas se han inspirado en este acontecimiento** y han creado arte para conmemorarlo, incluyendo esculturas, pinturas, películas y literatura.

855. El 3 de octubre **se celebra en Alemania el Día de Berlín**, que está dedicado a conmemorar la libertad y celebrar la reunificación entre Oriente y Occidente.

856. **La caída del Muro de Berlín demostró que, incluso en tiempos de gran tensión política y conflicto,** la protesta pacífica puede conducir al cambio.

857. **La caída del Muro de Berlín es quizás el símbolo más emblemático de la libertad en todo el mundo.**

La guerra del golfo Pérsico
(1990-1991)

Descubra quince hechos sobre una de **las operaciones militares más dramáticas, significativas y televisadas de la historia mundial: la guerra del golfo Pérsico**. Desde su inicio hasta su conclusión, explore varios datos fascinantes sobre este conflicto entre Irak y una coalición internacional.

858. **La guerra del golfo Pérsico fue un conflicto en Medio Oriente** entre Irak y una coalición internacional de fuerzas liderada por Estados Unidos.

859. Comenzó el 2 de agosto de 1990, cuando el líder iraquí **Saddam Hussein ordenó a su ejército invadir Kuwait.**

860. Un total de treinta y nueve naciones contribuyeron con tropas o equipos militares **para liberar Kuwait del control de Irak**, incluyendo Arabia Saudí, Egipto, Siria y Francia, entre otros.

861. **Los primeros combates incluyeron ataques aéreos contra objetivos en ambos países.** Las fuerzas terrestres se mantuvieron retenidas hasta febrero de 1991, cuando la **Operación Tormenta del Desierto** lanzó una ofensiva aliada masiva contra Irak.

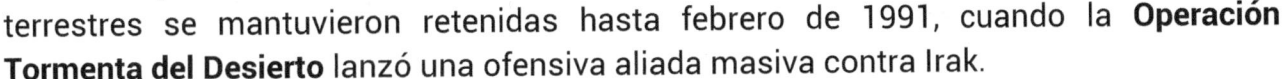

862. Esto marcó el comienzo de una guerra terrestre de cien horas de duración, que finalmente condujo a la **victoria de las fuerzas de la coalición sobre el régimen de Saddam Hussein** a finales de febrero de 1991, poco más de seis meses después del comienzo de las hostilidades.

863. **Hasta un millón de soldados participaron en el esfuerzo bélico**, convirtiéndolo en una de las mayores operaciones militares desde la Segunda Guerra Mundial.

864. **La coalición liderada por Estados Unidos se basó en el uso de tecnología avanzada**, como municiones guiadas de precisión, aviones furtivos y misiles de crucero.

865. **Las fuerzas iraquíes utilizaron armas químicas contra civiles kuwaitíes** y tropas de la coalición durante el conflicto, lo que provocó la condena de todo el mundo.

866. **Casi tres millones de personas se vieron obligadas a abandonar sus hogares debido a los combates en Irak y Kuwait**; muchos de ellos eran refugiados que habían huido de la violencia o el hambre en partes de África y Asia a principios de esa década.

867. **La guerra terminó con un acuerdo de alto al fuego que declaraba el fin de todas las hostilidades entre Irak y las fuerzas de la coalición**. A continuación, las Resoluciones del Consejo de Seguridad de las Naciones Unidas (RCSNU) impusieron sanciones al régimen de Saddam Hussein.

868. **La guerra del golfo Pérsico fue testigo del primer uso a gran escala de bombas inteligentes en combate**. Estas bombas permitieron una mayor precisión y menos víctimas civiles que las misiones de bombardeo tradicionales.

869. **Las estimaciones varían, pero se cree que 400.000 soldados iraquíes murieron o resultaron heridos**, mientras que las fuerzas de la coalición perdieron alrededor de 300 personas, además de unas 450 bajas kuwaitíes.

870. **Este conflicto fue una de las guerras más televisadas de la historia**, lo que sensibilizó a la opinión pública sobre los acontecimientos que se desarrollaban en campos de batalla lejanos.

871. **Diferentes medios de comunicación de todo el mundo proporcionaron a millones** de personas un acceso sin precedentes a la información sobre **el conflicto en Irak y Kuwait**.

872. **El conflicto supuso un punto de inflexión en la historia de Medio Oriente** y fue la primera vez que una coalición internacional logró expulsar del poder a un gobernante opresor después de la Segunda Guerra Mundial, sentando un precedente para futuras intervenciones militares en todo el mundo.

El auge de las redes sociales
(de 1990 a la actualidad)

Durante siglos, los seres humanos han buscado formas de conectarse y compartir información. A finales de la década de 1990, esa búsqueda dio lugar a la aparición de las redes sociales, plataformas para comunicarse y expresarse en un instante. Este capítulo **explora** dieciséis datos interesantes de **cómo ha evolucionado este fenómeno** desde sus inicios hasta la actualidad.

873. **Las redes sociales son una forma de conectarse y compartir información en línea.**

874. **A finales de los 90 y principios de los 2000 surgieron las primeras plataformas de redes sociales.** Sitios web como Six Degrees y Friendster ayudaron a la gente a establecer conexiones en todo el mundo.

875. **Una de las primeras grandes plataformas de redes sociales fue Myspace**, lanzada en 2003 por **Tom Anderson y Chris DeWolfe.** El sitio permitía a los usuarios publicar música, fotos, videos y mensajes en páginas de perfil personales llamadas blogs.

876. **En 2004, Mark Zuckerberg fundó Facebook** mientras estudiaba en la Universidad de Harvard. Con el tiempo, se convirtió en una de las redes sociales más populares del planeta.

877. **Twitter (ahora llamada X) también empezó a ganar usuarios en 2006, cuando Jack Dorsey** envió su primer tuit, «*just setting up my twitter*». Este sitio de *microblogging* permitía inicialmente a los usuarios enviar mensajes de 140 caracteres llamados tuits.

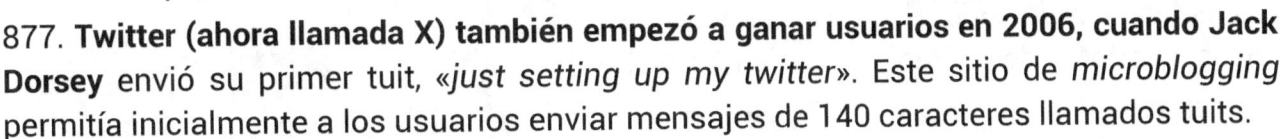

878. **Desde entonces, se han creado otras plataformas**, incluyendo **Instagram** en 2010, **Snapchat** en 2011 y **TikTok** en 2016, para dar a la gente aún más formas de compartir sus vidas en línea.

879. **Las plataformas de medios sociales también proporcionan acceso a noticias, entretenimiento e información de todo el mundo**. Además, permiten a las empresas anunciar sus productos o servicios.

880. **Cientos de millones de personas se unen a las redes sociales** cada año; ¡la cifra es de casi cinco mil millones en la actualidad!

881. **Las redes sociales pueden utilizarse para buenas causas.** Se han utilizado para concienciar sobre problemas globales como la pobreza y el cambio climático, dando origen a campañas que llegan a millones de personas a la vez.

882. A las redes sociales se les atribuye el mérito de haber ayudado a difundir movimientos como **la Primavera Árabe, Black Lives Matter y el movimiento #MeToo.**

883. **Algunos argumentan que el uso excesivo de las redes sociales puede conducir a la depresión** y al aislamiento debido a su naturaleza adictiva.

884. **Los *hashtags* son palabras o frases precedidas del signo «#»,** que ayudan a los usuarios a categorizar y buscar temas en las plataformas de redes sociales.

885. **Las redes sociales se han convertido en algo más que una forma de mantenerse en contacto con los amigos**; también son utilizadas por celebridades, políticos y personas influyentes, lo que les permite llegar directamente a sus seguidores en todo el mundo.

886. **Otra característica popular de las redes sociales son los videos en directo**, que permiten a espectadores de todo el mundo interactuar con los creadores de contenidos en tiempo real.

887. **Muchas empresas utilizan ahora plataformas de redes sociales como LinkedIn y YouTube** como parte de su estrategia de mercadeo, debido al amplio alcance que tienen en grupos de distintas edades y culturas.

888. **Aunque se han visto muchos resultados positivos de las redes sociales**, sigue siendo necesaria una mayor regulación **para proteger los datos y la privacidad de los usuarios.**

La desintegración de la Unión Soviética
(1991)

Descubra en este capítulo la fascinante historia de la disolución de la Unión Soviética. Conozca **dieciséis hechos interesantes sobre este colapso**, incluyendo lo que ocurrió con los países que formaban parte de la URSS.

889. **La Unión Soviética** (o URSS) **se fundó tras la Revolución rusa**. La fuerza de la Unión Soviética comenzó a decaer durante las últimas etapas de la Guerra Fría.

890. Antes de su desaparición, en 1991, **la URSS había sido el mayor estado comunista del mundo**. Estaba formada por quince repúblicas de Europa del Este y Asia Central.

891. **Mijaíl Gorbachov asumió el liderazgo de la Unión Soviética** en 1985 e introdujo reformas como la *glasnost* (apertura) y la *perestroika* (reestructuración).

892. En 1990 y 1991, **varias repúblicas declararon su independencia de la Unión Soviética**, lo que condujo a su disolución en la medianoche del 26 de diciembre de 1991.

893. Georgia y Lituania fueron de las primeras en declarar su independencia.

894. **Tras la dimisión de Gorbachov**, el 25 **de diciembre** de 1991, Rusia se hizo cargo oficialmente de todos los activos restantes de la disuelta URSS, incluidas las armas nucleares.

895. **Boris Yeltsin se convirtió en presidente de Rusia** tras su victoria electoral en junio de 1991, mientras surgían otros líderes para sus respectivas naciones recién independizadas.

896. **La disolución de la Unión Soviética fue uno de los acontecimientos geopolíticos más complicados de la historia moderna** debido a sus múltiples consecuencias, como la agitación política y el colapso económico en toda Europa del Este y Asia Central.

897. Tras la desintegración de **la Unión Soviética, millones de personas emigraron de las antiguas repúblicas soviéticas**, tanto a nivel nacional como internacional, debido a multitud de razones, como la inestabilidad y los conflictos.

898. **Tras obtener la independencia, varias repúblicas establecieron sistemas democráticos basados en la economía de mercado**, lo que les permitió acceder a los mercados mundiales, fomentando el crecimiento, pero también provocando un aumento de los índices de pobreza.

899. **El colapso de la Unión Soviética provocó una crisis en Asia Central, Europa del Este y Rusia**, con algunos países en apuros debido a guerras civiles, tensiones étnicas o corrupción, como **Tayikistán**, que sufrió una guerra civil durante cinco años. Se cree que **murieron entre 20.000 y 150.000 personas**.

900. **Muchos habitantes de la antigua URSS experimentaron dificultades tras la desintegración de la Unión Soviética.** Los salarios se retrasaron o simplemente nunca se pagaron, dejando a muchos en la pobreza e incapaces de cubrir necesidades básicas como alimentos, electricidad o agua.

901. **La desintegración de la Unión Soviética provocó un cambio masivo en el equilibrio de poder,** ya que el comunismo se debilitó significativamente en todo el mundo.

902. **La desintegración llevó a los líderes mundiales a desarrollar formas de prevenir nuevas escaladas y formas de desestabilización.**

903. Desde entonces, el mundo ha visto cómo algunas de **las antiguas repúblicas soviéticas crecieron y se convirtieron en naciones prósperas económicamente** con más libertad para sus ciudadanos, como **Estonia**, que figura entre las economías más competitivas del mundo.

904. **La desintegración de la Unión Soviética aumentó el número y la diversidad de lenguas habladas dentro de las fronteras de la antigua URSS.** Antes, todos tenían que utilizar el ruso como lengua principal para comunicarse, incluso fuera de Rusia.

La guerra de Afganistán
(2001-2021)

La guerra de Afganistán comenzó poco después de los atentados terroristas en EE.UU. del 11 de septiembre de 2001. En este capítulo, se exploran dieciséis hechos interesantes sobre este conflicto, incluidos sus efectos sobre los implicados.

905. **La guerra de Afganistán comenzó en octubre de 2001 tras los atentados terroristas del 11 de septiembre de 2001.**

906. **Estados Unidos, varios miembros de la OTAN y otros países lucharon contra las fuerzas talibanes y los terroristas de Al Qaeda** para impedir que atacaran a la población en Afganistán o en cualquier otro lugar del mundo.

907. **La guerra causó decenas de miles de víctimas en ambos bandos,** incluidos muchos civiles afganos.

908. **Estados Unidos proporcionó ayuda humanitaria por valor de miles de millones de dólares para apoyar proyectos de reconstrucción en las ciudades afganas,** ayudando a construir escuelas y carreteras y mejorando las infraestructuras para las personas que vivían allí.

909. **La OTAN proporcionó ayuda financiera a través de fondos fiduciarios,** que contribuyeron a la reconstrucción de las fuerzas militares y policiales afganas.

910. En 2020, solo **había unos 4.500 soldados estadounidenses** en Afganistán, mientras que en 2011 se alcanzó un pico de casi 100.000.

911. **En 2013, EE. UU. dejó de liderar las operaciones de combate en Afganistán.** Los afganos asumieron el liderazgo.

912. **La administración de Biden decidió finalmente retirarse del país** en 2021. Los talibanes tomaron casi inmediatamente el control del gobierno tras la salida de EE. UU.

913. **Muchos se preguntan si la decisión de retirar al ejército de Afganistán fue acertada.**

914. **La coalición liderada por Estados Unidos tuvo más de 23.000 víctimas,** con unos 2.400 soldados muertos y el resto heridos.

915. **Estados Unidos gastó más de dos billones de dólares en este esfuerzo bélico.**

916. **Aunque no se sabe con certeza cuántos civiles murieron en la guerra,** la mayoría de las fuentes estiman que alrededor de cuarenta y seis mil murieron o resultaron heridos. Esta cifra no incluye a los que murieron por enfermedad o falta de alimentos.

917. **En 2023, los talibanes habían conseguido crear un estado islámico muy conservador en Afganistán.**

918. **La gran pobreza que atraviesan algunos sectores de Afganistán se debe a la falta de crecimiento económico,** porque muchas de sus infraestructuras sufrieron grandes daños durante el conflicto.

919. En la actualidad, **gran parte de la población afgana se ha visto muy afectada por los combates.** Las condiciones de vida son muy miserables y las mujeres casi no tienen derechos en el país.

920. **Hasta agosto de 2023, ningún país del mundo ha reconocido al gobierno de Afganistán dirigido por los talibanes.**

La guerra de Irak
(2003-2011)

Este capítulo explora la guerra de Irak, un conflicto que tuvo consecuencias de gran alcance. Se presentan **dieciséis hechos interesantes sobre la guerra**, incluyendo sus causas, resultados, protagonistas y los efectos que tuvo sobre los civiles iraquíes.

921. **La guerra de Irak comenzó el 19 de marzo de 2003 y duró ocho años (2011).**

922. **Fue liderada por Estados Unidos, Gran Bretaña, Australia** y algunos otros países parte de una fuerza de coalición para sacar a Saddam Hussein del poder.

923. **Más de 4.800 soldados de la coalición murieron durante la guerra,** la mayoría de ellos eran soldados estadounidenses.

924. **Más de 100.000 civiles iraquíes murieron a causa de la violencia,** según estimaciones de la **Alta Comisión de las Naciones Unidas para los Refugiados** (ACNUR).

925. **La guerra le costó a EE. UU. más de dos billones de dólares** y fue una de las guerras más caras de la historia moderna.

926. **En 2010, el presidente Barack Obama declaró el fin de las operaciones de combate en Irak** y en 2011 retiró la mayoría de las tropas estadounidenses del país.

927. **La Operación Libertad Iraquí fue sustituida por la Operación Nuevo Amanecer**, que se centró en ayudar al gobierno contra el terrorismo dentro de las fronteras de Irak, hasta que terminó en diciembre de 2011, cuando la mayoría de las tropas estadounidenses fueron retiradas de Irak.

928. **Sadam Husein fue capturado** el 13 de **diciembre** de 2003, tras una persecución que duró nueve meses desde su caída del poder a principios de ese año.

929. **Hussein fue juzgado y declarado culpable de crímenes contra la humanidad, por los que fue ejecutado** el 30 de diciembre de 2006.

930. **Uno de los principales objetivos de la guerra era encontrar las armas de destrucción masiva** (ADM) que se creía que tenía el régimen de Sadam Husein, pero nunca se encontró ninguna.

931. **La de Irak fue una de las guerras más controvertidas de la historia moderna**; muchos argumentaron que no debió existir nunca y muchos otros que no debió terminar cuando lo hizo.

932. En junio de 2014, **el Estado Islámico de Irak y Siria** (ISIS) se había alzado con el poder en la región, lo que dio lugar a una nueva guerra. Desde agosto de 2023, ese conflicto sigue en curso.

933. **La guerra de Irak formaba parte de la más amplia «guerra contra el terrorismo» iniciada por el presidente George W. Bush tras el 11 de septiembre**, que también incluía operaciones militares en Afganistán y otros países de Medio Oriente.

934. **Estados Unidos ha enviado ayuda por más de sesenta mil millones de dólares para ayudar a reconstruir Irak** desde 2013, además de proporcionar ayuda humanitaria a millones de personas que sufren los efectos de la guerra.

935. **El pueblo iraquí ha celebrado varias elecciones democráticas desde 2004** y sigue esforzándose por construir un futuro pacífico, a pesar de todo lo que ha sufrido durante este conflicto.

936. Aunque **la guerra ha terminado oficialmente, los efectos se siguen sintiendo en Irak hoy en día**, y muchos siguen viviendo las consecuencias de la misma y luchando por un futuro mejor.

La Primavera Árabe
(2010-Presente)

La Primavera Árabe supuso un importante punto de inflexión en la historia del Cercano Oriente. Este capítulo explora este importante acontecimiento a través de dieciséis datos interesantes sobre sus orígenes, sus protagonistas y sus resultados.

937. **La Primavera Árabe fue una oleada de protestas, levantamientos y revoluciones que se extendieron por Medio Oriente** entre 2010 y 2012.

938. **La gente quería más libertad, derechos básicos, democracia y reformas sociales por parte de sus gobiernos.**

939. **Comenzó cuando manifestantes de Túnez derrocaron al presidente Zine El Abidine Ben Ali** tras veintitrés años en el poder, en lo que se denominó como la Revolución de los Jazmines.

940. **Los manifestantes realizaron manifestaciones pacíficas** durante meses para hacer oír su voz en toda la región.

941. **Muchos países se vieron afectados por estas protestas,** entre ellos Libia, Siria, Yemen y Bahréin.

942. **Los gobiernos respondieron con violencia contra los manifestantes,** lo que provocó la muerte de muchas personas.

943. **Los ciudadanos pidieron ayuda a través de redes sociales como Facebook y Twitter,** lo que contribuyó a llamar la atención sobre la situación dentro de esos regímenes represivos.

944. **Las mujeres desempeñaron un papel activo en la Primavera Árabe.** Protestaron en las calles y participaron en campañas en línea para dar a conocer su causa.

945. **Tras las rebeliones, algunas naciones realizaron elecciones para elegir nuevos jefes de estado.**

946. **En algunos países, la Primavera Árabe condujo a una mayor libertad de expresión,** mayores derechos para las mujeres, mejor acceso a la educación y economías más abiertas.

947. **En Siria, las protestas desembocaron en una destructiva guerra civil** que el país sigue sufriendo hoy en día.

948. En 2011, **se concedió conjuntamente el Premio Nobel de la Paz a la presidenta de Liberia, Ellen Johnson Sirleaf, a la activista liberiana Leymah Gbowee y a la política yemení Tawakkul Karman** por su lucha no violenta por la seguridad de las mujeres durante la Primavera Árabe.

949. **La Primavera Árabe se saldó con el derrocamiento total de tres gobiernos** y con otros tres que realizaron reformas constitucionales.

950. **Actores internacionales independientes, como Anonymous, un grupo de piratas informáticos, declararon su apoyo a los manifestantes,** ayudaron a difundir la noticia y lanzaron ciberataques contra sitios web gubernamentales.

951. **La Primavera Árabe sigue siendo una de las demostraciones más evidentes** del poder de la tecnología moderna y las redes sociales.

952. A pesar de que sus resultados no fueron iguales en todas partes, **la Primavera Árabe cambió Medio Oriente para siempre** y demostró a los ciudadanos su poder para crear el cambio.

La crisis migratoria europea
(2015-actualidad)

Este capítulo explorará la crisis migratoria europea, un desastre humanitario que ha tenido consecuencias de gran alcance en el mundo. Echaremos un vistazo a dieciséis datos interesantes sobre cómo comenzó esta crisis, su impacto en Europa y los esfuerzos realizados por los gobiernos para proporcionar ayuda a los afectados.

953. **La crisis migratoria europea** hace referencia al aumento de la ola de migrantes que comenzó en 2015, cuando muchas personas procedentes de **países africanos y de Oriente Medio** intentaron **entrar en Europa** en busca de seguridad.

954. **La mayoría de las personas que emigraron a Europa procedían de Siria, Afganistán, Irak** y otros países de Oriente Medio afectados por la guerra y la pobreza.

955. **Decenas de millones de migrantes asiáticos y africanos han estado entrando en Europa** cada vez más desde 2015, los países mediterráneos, como Grecia e Italia, son los que tienen el mayor número de inmigrantes ilegales.

956. **Muchos refugiados junto a sus familias y sus pertenencias llegaron en botes o pequeñas balsas a través de aguas peligrosas para alcanzar costas más seguras en Europa.**

957. **Algunos refugiados pasaron meses caminando miles de kilómetros** antes de encontrar refugio en otro país o volver a casa sanos y salvos si era posible.

958. **Países como Francia, Alemania, Italia, España y Turquía abrieron sus fronteras** para ofrecer refugio a estos migrantes que buscaban protección frente al peligro en su país.

959. **Las personas podían solicitar asilo temporal o permanente**, aunque éste depende de cada caso individual.

960. **Algunos países europeos han ofrecido programas especiales,** como formación laboral y clases de idiomas, para ayudar a los inmigrantes a integrarse con éxito en sus nuevas comunidades.

961. **La crisis ha suscitado debates en todo el mundo** sobre la mejor manera de gestionar la migración y garantizar un paso seguro a quienes buscan refugio de situaciones perjudiciales en su país.

962. Organizaciones como **el Alto Comisionado de las Naciones Unidas para los Refugiados** (ACNUR) y Amnistía Internacional han aportado fondos, recursos y trabajadores para ayudar a los afectados por esta crisis humanitaria.

963. **Diferentes países están trabajando actualmente junto** con organizaciones internacionales en un plan de respuesta global que proporcionará más protección a los refugiados que huyen de las zonas devastadas por la guerra.

964. Aunque **algunos gobiernos** han acordado soluciones, como proporcionar ayuda financiera o permitir el asilo a las personas, **muchos siguen divididos sobre lo que debe hacerse a continuación.**

965. **Muchas personas de todo el mundo siguen mostrando compasión hacia los refugiados** a través de donaciones, esfuerzos de voluntariado o participando en debates que podrían ayudar a mejorar las condiciones de vida y gestionar mejor la migración en Europa.

966. **La Unión Europea** (UE) ha estado colaborando para abordar las causas profundas de la crisis, como la guerra, la pobreza y la desigualdad en otras partes del mundo, que se consideran factores que contribuyen significativamente al desplazamiento global.

967. Para que las soluciones a largo plazo sean posibles, **tanto los gobiernos como los ciudadanos deben encontrar respuestas más sostenibles que puedan proporcionar seguridad y estabilidad** a los afectados por este desastre humanitario en curso.

968.. **La crisis migratoria europea ha puesto de relieve la importancia de la cooperación internacional** y la compasión entre países para proteger a las personas que huyen del peligro o buscan una vida mejor en otro lugar.

La guerra civil siria
(del 2011a la actualidad)

Este capítulo explora los devastadores efectos de la guerra civil Siria. Se profundiza en dieciséis datos sobre sus orígenes, sus integrantes y las atrocidades que se han cometido.

969. **La guerra civil Siria comenzó en 2011** y sigue en la actualidad.

970. **La guerra comenzó después de que los habitantes de Siria protestaron contra el gobierno**, encabezado por el **presidente Bashar al Assad.**

971. **Desde que comenzó la guerra, millones de sirios abandonaron sus hogares** y ahora viven como refugiados en otros países o dentro de la propia Siria.

972. **Muchos grupos diferentes luchan entre sí**, incluidos los rebeldes que quieren un cambio y las fuerzas del gobierno sirio, que apoyan el mandato de Assad

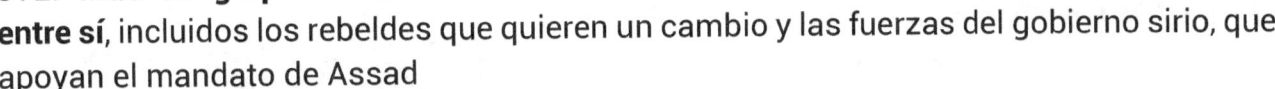

973. **Otros países como Rusia, Irán, Turquía y Estados Unidos, también se han implicado en la guerra**, enviando tropas para combatir en uno u otro bando del conflicto.

974. **La ciudad de Alepo ha sido una de las zonas más castigadas durante la guerra civil.** Muchos edificios han quedado destruidos por los intensos bombardeos de ambos bandos.

975. Desde el comienzo del conflicto, **la población ha sido testigo del uso de diferentes tácticas violentas**, como los atentados suicidas y el uso de armas químicas.

976. **El conflicto ha tenido un terrible impacto en la economía de Siria,** con la gente luchando por comprar alimentos o acceder a los servicios básicos.

977. **El Programa Mundial de Alimentos** estima que algo más de doce millones de sirios sufren inseguridad alimentaria.

978. **Muchos jóvenes sirios han quedado sin educación básica debido a la guerra**, ya que las escuelas y universidades han sido destruidas o cerradas.

979. **El número de víctimas civiles de la guerra civil Siria se estima en cientos de miles.**

980. En 2014, **ISIS surgió en Siria e Irak, añadiendo otra capa de complejidad a este conflicto**. ISIS es responsable de gran parte de la violencia contra la población civil y el secuestro de personas por dinero.

981. **La mayoría de los refugiados sirios viven en Europa, Turquía y Líbano**. Estos no tienen los recursos necesarios para apoyar adecuadamente a los refugiados.

982. **La ONU ha estado intentando negociar un acuerdo de paz en la guerra civil**, pero hasta ahora no ha habido ningún acuerdo duradero.

983. En 2018, **el presidente Assad recuperó el control de la mayor parte del territorio sirio**. En mayo de 2023, se estimó que controla alrededor del 65 % del país.

984. **A pesar del fin de las principales operaciones de combate, sigue habiendo violencia en ambos bandos**, incluidos ataques aéreos que matan a civiles y enfrentamientos con grupos rebeldes que quieren un cambio en Siria.

La crisis climática
(del 2020 a la actualidad)

La crisis climática es un problema que afecta a todos, desde la subida del nivel del mar hasta los fenómenos meteorológicos extremos. En este capítulo, se presentan dieciséis hechos sobre la crisis climática y cómo han afectado a nuestro planeta desde 2020.

985. **La crisis climática es un cambio a largo plazo en los patrones climáticos del planeta** causado por las actividades humanas, como la quema de combustibles fósiles y la tala de bosques.

986. **El cambio climático ocurre desde hace años**, pero cada vez es peor debido a los niveles de contaminación y emisiones de gases que atrapan el calor, como el dióxido de carbono (CO_2).

987. **Debido al cambio climático, algunas zonas son cada vez más cálidas y otras cada vez más frías**, lo que hace que las temperaturas extremas sean más comunes en todo el mundo.

988. **Las olas de calor, las fuertes lluvias y las sequías causan escasez de alimentos en algunos lugares**, lo que pone a la población en riesgo de desnutrición y pobreza.

989. **El nivel del mar en todo el mundo ha aumentado significativamente debido al deshielo** de los polos; esto significa que muchas comunidades costeras están amenazadas por las inundaciones provocadas por las tormentas o las mareas altas durante los fuertes huracanes y tifones.

990. **El cambio climático ha provocado huracanes, inundaciones, sequías, olas de calor e incendios forestales más frecuentes e intensos**, que tienen efectos devastadores en la vida de las personas.

991. **El cambio climático está provocando cambios en los ecosistemas**, como la desaparición de los arrecifes de coral debido a la acidificación de los océanos o la adaptación de los animales a nuevos climas para sobrevivir.

992. **El cambio climático está haciendo que el aire que respiramos esté más contaminado**, ya que hay mayores niveles de esmog y ozono, que perjudican la salud de las personas.

993. **La crisis climática afecta a todo el mundo,** desde las pequeñas naciones insulares amenazadas por **el nivel elevado del mar** hasta las ciudades, que sufren sequías extremas por la escasez de agua.

994. **Reducir el consumo de energía mejorando el aislamiento**, las instalaciones de iluminación y los electrodomésticos y utilizar energías renovables como la hidroelectricidad ayuda a paliar los efectos del cambio climático.

995. Reducir las actividades contaminantes (como la quema de combustibles fósiles) **reduce las emisiones de gases de efecto invernadero**, que son las principales causas del cambio climático.

996. **Tomar decisiones sostenibles**, como seguir una dieta basada en vegetales, evitar los plásticos de un solo uso, comprar productos locales e invertir en soluciones energéticas ecológicas, **reduce nuestra huella de carbono**.

997. **Los Acuerdos de París sobre el Clima**, firmados por 196 países, son el tratado internacional más completo sobre el cambio climático.

998. En la actualidad, **China, Estados Unidos e India se encuentran entre los mayores contaminadores del mundo** debido al gran tamaño de su población y a su incapacidad para producir energía verde a una escala suficientemente grande.

999. **Suecia y Dinamarca son los países más ecológicos** y promueven la sostenibilidad a gran escala.

1000. **Aunque el Acuerdo de París** (también conocido como los Acuerdos de París sobre el Clima) fue un paso importante en la dirección correcta **a la hora de aumentar la conciencia internacional sobre el cambio climático,** muchos expertos afirman que se necesita más compromiso y acción por parte de los firmantes para alcanzar **los objetivos establecidos**.

Conclusión

Ya vio el increíble impacto que el ser humano ha tenido en el mundo a lo largo de la historia. Nuestros antepasados crearon civilizaciones y religiones, **inventaron herramientas y tecnologías, exploraron nuevas tierras e ideas** y lucharon en guerras por la libertad o el poder; todas estas experiencias nos han moldeado como especie, y muchas de estas cosas siguen ocurriendo hoy en día.

Este libro explora la interacción de los humanos con su entorno para crear inventos como el fuego, la domesticación de animales y la escritura. Diversas épocas han dado vida a cosas asombrosas, como el arte durante **el Renacimiento** y las **pirámides del antiguo Egipto.** El mundo ha sido testigo de la devastación masiva de las guerras mundiales, pero también ha visto que se puede alcanzar la paz.

El mundo aún tiene mucho que superar, como demuestra la reciente Primavera Árabe y la crisis migratoria europea. La historia está sucediendo en este instante, por lo que es importante seguir aprendiendo sobre el pasado y comprender mejor por qué estamos donde estamos hoy.

Mira otro libro de la serie

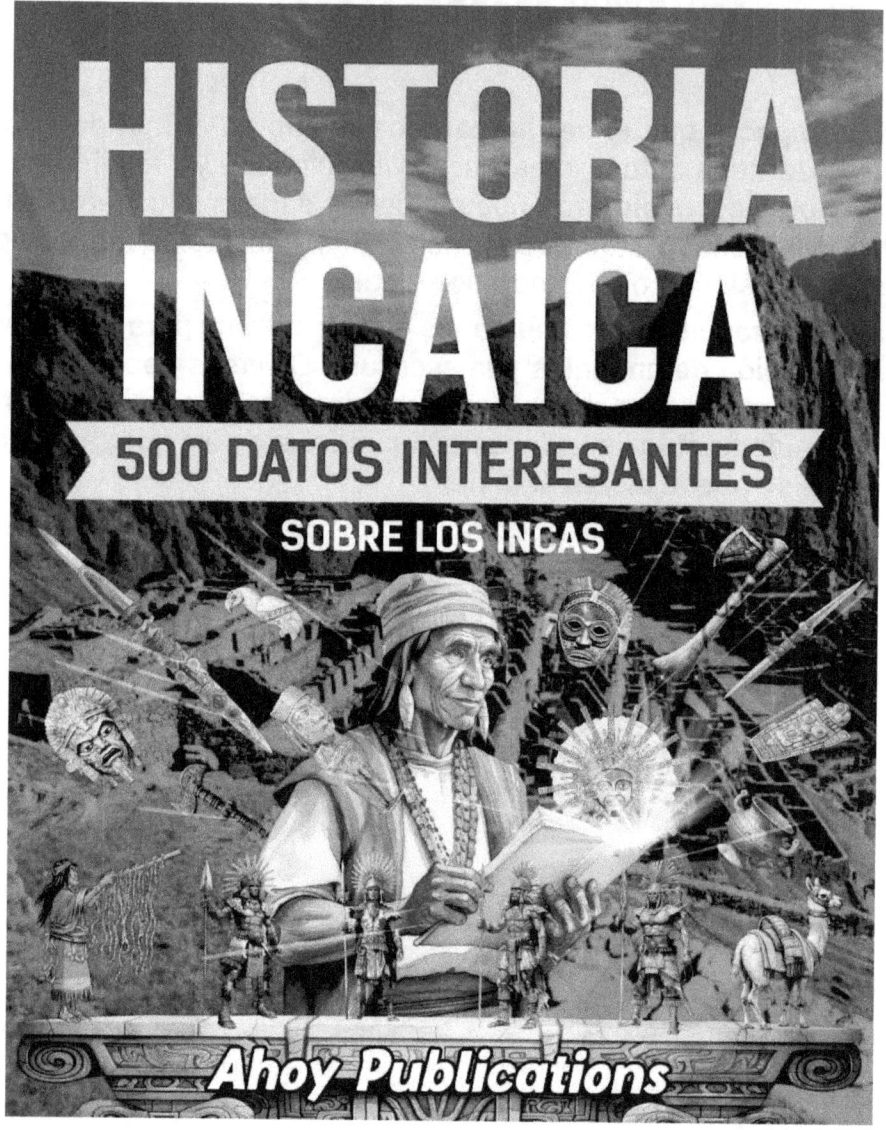

Fuentes y referencias adicionales

1. «Hechos y resumen de la evolución humana - Especies homínidas». Encyclopedia Britannica Online Academic Edition, nov 2018, www.encyclopediabritannica.com/topic/human-evolution#ref83598

2. «Cómo el análisis de ADN está reescribiendo la historia de los primeros pobladores de Australia - BBC News». BBC, Feb 2017 https://www.bbc.com/news/world-australia-38904574

3. «Domesticación de los animales». History, history.com Staff, 2021, www.history.com/topics/prehistory/domestication-of-animals/

4. «Civilizaciones antiguas: Cronología y características». Enciclopedia de Historia Antigua, ancient.eu/civilization/.

5. «Imperio romano: panorama de la República y el Imperio romano». Khan Academy, www.khanacademyorg/humanities/world-history/ancient-medieval1/roman-empire1/a/overview-of -the-roman-republic-and-empire.

6. «Grecia antigua: Visión general del periodo griego clásico». Khan Academy., https://wwwkhanacademyorg/humanities/world-history/ancient-medieval1/greekclassical-period/-a//overview-of-classical-greek-period

7. «Civilización védica». Enciclopedia Británica. https://www.britannica.com/topic/Vedic-civilization

8. «Imperio asirio: visión general e historia» Khan Academy, https://wwwkhanacademyorg/humanities/world-history/ancientmedieval1/assyria-neo-assyrian-empire/a//overview-of-assyria-neo-assryian-empire

9. «Civilización nubia». Enciclopedia Británica, https://www.britannicacom/topic/Nubian-civilization

10. «China Antigua». Enciclopedia de Historia Antigua, https://www.ancienteu//china/.

11. «Civilización maya». Enciclopedia Británica, https://www.britannica.com/topic/Maya-civilization

12. «Imperio inca». Enciclopedia Británica. https://www.britannica.com/topic/Inca-empire

13. «Aztecas». Encyclopedia Britannica. https://www.britannica.com/topic/Aztecs.

14. «Mesopotamia». Enciclopedia Británica, https://www.britannica.com/place/Mesopotamia-ancient-region-Asia/Inventions#ref255748

15. Lehner, Mark y Gary Stickel eds., Las pirámides: Resolver los misterios antiguos (Londres: Thames & Hudson).

16. Drielen, Jelle Van y Marlies Heinen eds., 2000 BC: El libro de Bruce Trigger sobre las civilizaciones antiguas (Montreal: McGill-Queen's University Press)

17. «El antiguo Egipto: Una visión general». Enciclopedia de Historia Antigua, ancient.eu/Egypt/, 2020.

18. «La Edad de Bronce». History.com, A&E Television Networks, 2020, http://www.history.com/topics/pre-history/bronze-age.

19. «Antigua Grecia». Encyclopedia Britannica, Encyclopedia Britannica, Inc., https://www.britannica.com/place/ancient-Greece.

20. «Invasiones bárbaras». Encyclopedia Britannica Online Academic Edition/Enciclopedia Britannica Inc., 2019. www.britannica.com/event/barbarian-invasions#ref76591.

21. Gibbon, Edward. La decadencia y la caída del Imperio romano. Penguin Classics, 2000

22. Mackay Christopher S. Los mongoles en la historia del mundo. (Oxford University Press, 2011).

23. «Renacimiento». Encyclopedia Britannica, https://www.britannica.com/event/Renaissance-European-history

24. «La Revolución Científica». History.com, A&E Television Networks, 2010, www.history.com/topics/the-scientific-revolution.

25. «Siglo de las Luces (1650-1800)». Encyclopedia Britannica Online Academic Edition, https://www.britannica/com/event/Age-of-Enlightenment-1650-1800#ref140967.

26. Miller, John C., La guerra de la revolución: Una historia concreta de 1763 a 1783. (Nueva York: Oxford University Press, 2012).

27. Craig, Robert L. «La Revolución Industrial». Encyclopedia Britannica, Encyclopedia Britannica, Inc., 2015, www.britannica.com/event/Industrial-Revolution#ref2029816.

28. «Estadísticas y hechos de la guerra civil estadounidense». Servicio de Parques Nacionales, Departamento del Interior de Estados Unidos, https://www.nps.gov/civilwar/facts-and-figures-stats-on-the-american-.htm.

29. Anderson, Jenny. «Primera Guerra Mundial (WW1): Causas y línea de tiempo». History Hit, 20 mar. 2020, www.historyhit.com/world-war-one/.

30. Gjelten, Tom. «El papel de la Revolución de Febrero en la historia de Rusia». NPR, NPR, 2017, www.npr.org/2017/03/08/519160968/the-role-of-the-february-revolution-in-russiashistory.

31. Enciclopedia Británica. «La Gran Depresión». Encyclopedia Britannica, The Editors of Encyclopedia Britannica, 2021, www.britannica.com/event/Great-Depression.

32. «Datos de la Segunda Guerra Mundial: Cronología, causas y principales acontecimientos». History Hit, www.historyhit.com/world-war-two/.

33. Brinkley, Alan y otros, eds. La nación indefinida: Una historia concreta del pueblo estadounidense (Nueva York: McGraw Hill Higher Education), 2017.

34. «Revolución cubana». Encyclopedia Britannica, https://www.britannica.com/event/Cuban-Revolution#ref188919

35. «Mijaíl Gorbachov». Britannica, The Editors of Encyclopedia Britannica, https://www.britannica.com/biography/Mikhail-Gorbachev.